解密中兴颂

鄢福初　著

全国百佳图书出版单位
湖南美术出版社
·长沙·

图书在版编目（CIP）数据

解密中兴颂 / 鄢福初著. -- 长沙：湖南美术出版社，2023.7
ISBN 978-7-5356-9910-7

Ⅰ. ①解　Ⅱ. ①鄢　Ⅲ. ①摩崖石刻－研究－湖南 Ⅳ. ①K877.494

中国版本图书馆CIP数据核字(2022)第182938号

解 密 中 兴 颂
JIEMI ZHONGXINGSONG

出 版 人：黄　啸
著　　者：鄢福初
责任编辑：彭慧敏
责任校对：徐　盾　何雨虹
装帧设计：造 書 房
出版发行：湖南美术出版社
（长沙市东二环一段622号）
经　　销：湖南省新华书店
印　　刷：长沙新湘诚印刷有限公司
开　　本：710×1000　1/16
印　　张：6
版　　次：2023年7月第1版
印　　次：2023年7月第1次印刷
定　　价：48.00元

邮购联系：0731-84787105　邮编：410016
电子邮箱：market@arts-press.com
如有倒装、破损、少页等印装质量问题，请与印刷厂联系调换。
联系电话：0731-84363767

鄢福初，湖南新化人，1962年10月出生。曾任湖南省娄底市政协副主席、娄底市人民政府副市长、湖南省文化和旅游厅副厅长、湖南省文联主席。现任中国书协副主席、湖南省书协主席、第十三届全国人大代表。为第十一届、十二届、十三届中国艺术节书展评委，首届全国书法院作品联展评委，全国第二届行书作品展评委，全国第十二届书法篆刻展终审评委。

出版《书道湖湘——鄢福初在岳麓书院的演讲》《书道湖湘——诗歌里的湖湘记忆》《书道湖湘——却顾所来径》等多部学术著作，出版《当代书法家精品集——鄢福初卷》等多部作品集。

目录

摩崖上的中兴颂

之金石非老于文學其誰宜為頌曰

帝王有盛德大業者必見于歌頌若今歌頌大業刻

移軍鳳翔其年復兩京上皇還京師於戲前代

子幸蜀太子即位于靈武明年皇

天寶十四季安禄山陷洛陽明年陷長安天

郡開國公顏真卿書

金紫光祿大夫前行撫州刺史上柱國魯

度判官元結撰

尚書水部員外郎兼中侍御史荊南

大唐中興頌有序

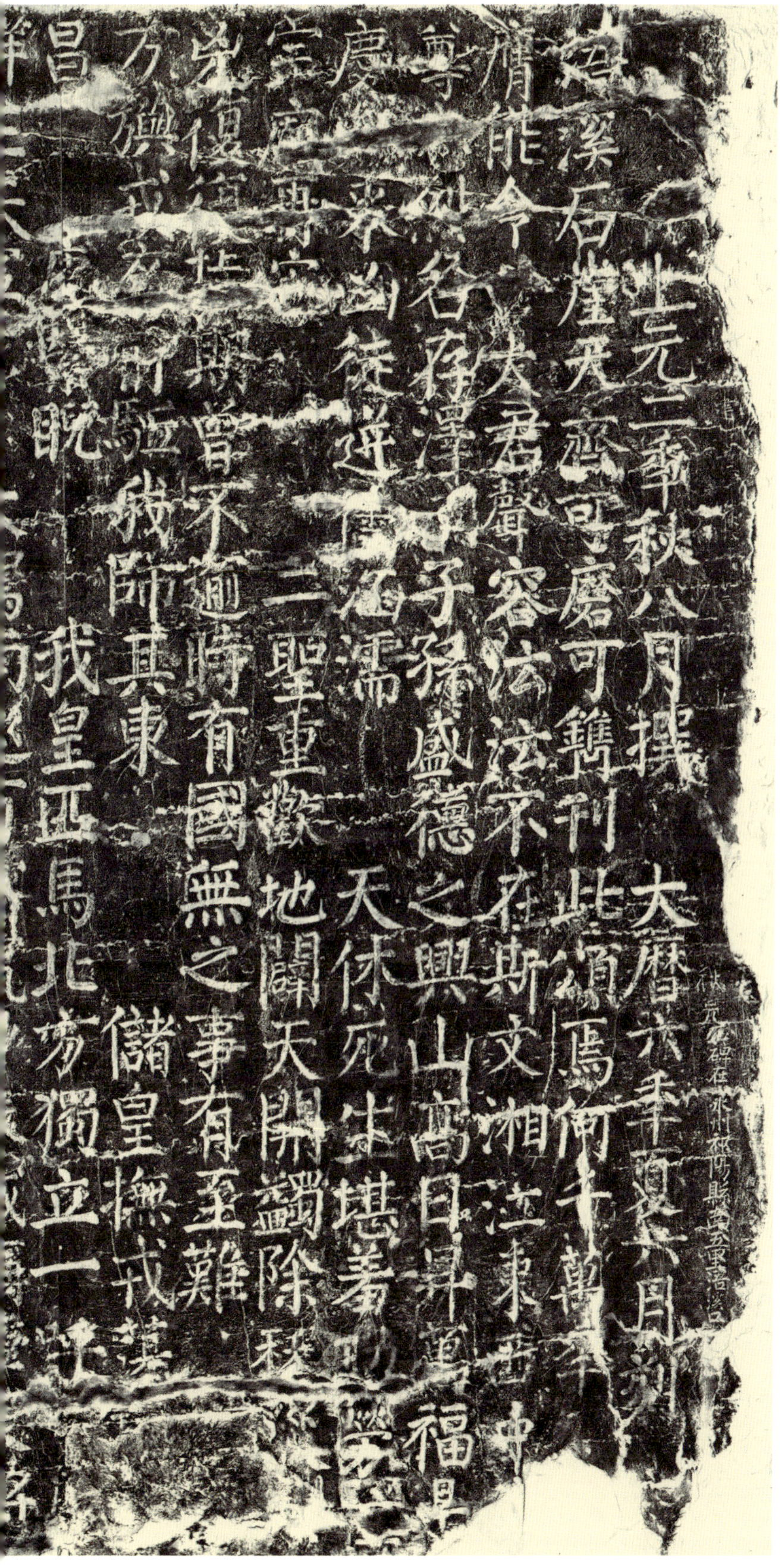
上元二年秋八月撰
大曆六年夏六月刻
溪石崖天齊可磨可鐫刊此頌焉何千萬年
能令大君聲容沄沄不在斯文湘江東西中
名存澤流子孫盛德之興山高日昇萬福是
天休死生堪羞
二聖重歡地闢天開蠲除
曾不逾時有國無之事有至難
我師其東
儲皇撫戎
我皇匹馬北方獨立一

《大唐中兴颂》（拓片）

大曆六年夏六月刻

秋元[illegible]碑在永州祁陽縣南五里浯[illegible]

刊此頌焉何千萬年

宗在斯文湘江東西中

德之興山高日升萬福是

天休死生堪羞功勞

歡地闢天開蠲除袄灾

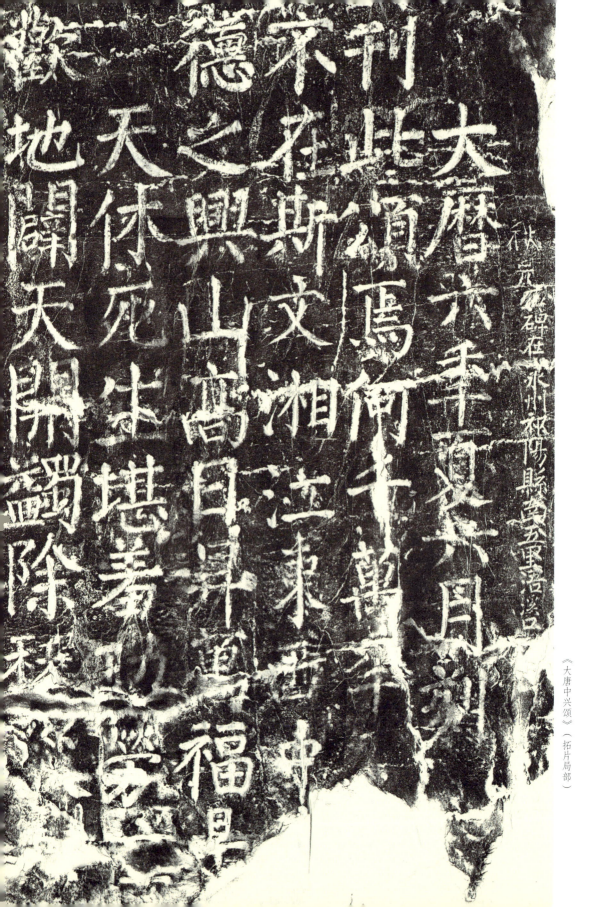

《大唐中兴颂》（拓片局部）

上元二年秋八月撰
溪石崖天齊可磨可鐫
能令大君聲容沄沄
尊名存澤子孫盛
慶大來凶徒逆儔涵濡
宗廟再安二聖重

《大唐中兴颂》（拓片局部）

唐代无疑是中国历史的黄金时代!

中国历史上有过许多所谓盛世，唐代也许是中国古代真正的盛世。唐代结束了此前近四百年的混乱局面，在制度、文化诸方面进行统合，建立起一个开放的帝国，一个天下的帝国。唐太宗李世民曾宣称：“自古皆贵中华，贱夷狄，朕独爱之如一，故其种落皆依朕如父母。”过去汉人建立的封建王朝，多认为周边民族是夷狄或戎蛮，所以造成了以国为家的中原王朝与周边民族部落之间的不协调，进而引发矛盾和战争。而唐太宗李世民宣扬的“爱之如一”，即四海一家、混一融洽的思想，打破了传统的歧视偏见和民族隔离的界限，更打破了心理上的认识和民族之间的壁垒。在唐代，外国人可以随意入境居住，可以自由地经商、通婚，乃至做官。唐朝能够吸引各国和周边民族蜂拥而至，除了其开放性，更重要的当然还有其文明的先进性和优越性：物资丰富，典章制度完备；中央有权威和军事实力威慑；宗教有理性的宽容；文学艺术有创造性，科学技术领先；乃至穿着装束都很时髦新潮。唐人胸怀宽广，乐于接受外来影响，且能够对这些外来影响兼容并蓄，产生出新的文化。唐文化并不只是一味地接受，同时也是一个大熔炉，把这些东西融会贯通，从而成就了蓬勃向上、充满活力、自由豪放、兼容并包的盛唐气象。

然而，与战国时期、三国两晋南北朝、唐末五代十国的动乱不同，一场大乱的到来竟然不是源于危机，而是紧接着盛世。天宝十四载（755），中国历史上最为强盛的大唐王朝突然面临土崩瓦解的危险。安禄山在范阳起兵，率领叛军接连攻城略地，直逼长安。天宝十五载（756）六月，潼关失守，随着叛军的步步紧逼，唐玄宗狼狈出逃。行至途中，军队中长期对宠臣杨国忠的不满情绪爆发，将士们甚至采取了极端手段，逼迫唐玄宗把杨国忠的堂妹即贵妃杨玉环勒死在马嵬驿。安史之乱前后历时近八年，大唐江山也数度岌岌可危。最后虽说叛乱被平定，历史的长河毕竟在此发生了重大转折，大唐的历史也以此分为前后两个截然不同的时期。

安史之乱平定后，最先对此进行反思的是参加平叛归来的元结。着眼于对国家强盛的期望，元结认为唐朝克难中兴的“盛德大业”值得歌颂，他自告奋勇做时代的歌颂者，以满腔热情撰写了著名的《大唐中兴颂》。而要使后人不忘这段历史，就应刻颂文于石上，流传千年万载。元结请挚友、在平定安史之乱中立下丰功伟绩的唐代大书法家颜真卿书写《大唐中兴颂》，然后请人镌刻于浯溪之崖。元结是唐代文学革新运动即古文运动的急先锋，颜真卿是书法革新的首倡者，二人都是平定安史之乱的功臣，合作撰、书此颂，无论从艺术还是身份角度看，都是珠联璧合，极具权威性，并且元颜二公青年时代即成道义之交，此碑更可以说是二公同心同德的结晶。后人以元颂文奇为一绝，颜书字奇为一绝，宋代皇祐年间祁阳令齐术又以摩崖石奇为一绝，建“三绝堂”以护，自此号称“摩崖三绝”，这也确立了浯溪碑林在中国石刻碑林中的重要地位。

元结的《大唐中兴颂》共十五韵，三句一韵。古老的三句一韵是很少见的，著名刻石秦始皇东巡时李斯所作的《峄山刻石》也是三句一韵，碑文“追念乱世，分土建邦，以开争理。功战日作，流血于野，自泰古始。世无万数，陀及五帝，莫能禁止。乃今皇帝，壹家天下，兵不复起。灾害灭除，黔首康定，利泽长久”，这句子也是掷地有声。

《大唐中兴颂》不取偶句，不拘平仄，不务辞藻，语言朴素自然，不蹈袭前人一句一语，仅仅用三百多字，便把唐中叶安史之乱、玄宗逃蜀、肃宗即位、收复长安的史实记述得清清楚楚。

元结热情讴歌王朝中兴，大乱之后，盛唐的心气还在，流露出来的是王朝开拓、奋发的气魄和自信，充盈着天地永恒、节义千秋、纲常万古的信念，元结在《大唐中兴颂》的后半段说：“功劳位尊，忠烈名存，泽流子孙。”意思是任何时代人们都以建立伟大不朽的功业为至尊，那些忠孝廉节的人，英名与世长存，其福禄恩泽将永远惠及子孙。作为生活在这块土地上的后人，我们以盛唐自豪时也仍然感受到大唐盛世遗留下来的恩泽。“盛德之兴，山高日升，万福是膺。”盛德大业重新兴起，如山之高，如日之升，万福千祥风涌云聚。这样的颂词对于每一个时代无不是一种美好的期望。“湘江东西，中直浯溪，石崖天齐；可磨可镌，刊此颂焉，何千万年！”日月经天，江河行地，一千二百多年后，重读旧文，天地永恒，节义千秋，纲常万古，衰必复振。绝妙的文辞和书法后面，浯溪石壁镌刻的是民族复兴、山高日升的不朽信念！

受《大唐中兴颂》的影响，出于对先贤的仰慕以及对国家兴旺、民族富强的渴望和追求，越来越多的文人志士把永州作为抒发家国情怀的地方。宋朝和明朝，陆续有《大宋中兴颂》《大明中兴颂》镌刻在这方唐碑旁边。

《大宋中兴颂》高 3 米，宽约 4 米，即宋代乾道二年（1166）时任永州通判的宋朝宗室赵不忧写下的《皇宋中兴圣德颂》，也是当时宋朝宗室赵公硕留下的书法。因为这块碑的诗文、书法俱佳，在当朝就有“未逊聱翁星斗文”的评价，但可惜的是，出于年代久远和雨水侵蚀等各种原因，现在《大宋中兴颂》剥落得比较厉害，已经成为一方残碑了。在《大宋中兴颂》的上面是《大明中兴颂》，这块高 2.4 米、宽 3 米的石刻是明朝万历三年（1575）永州知府丁懋儒先生撰并书于浯溪摩崖之上的。明朝自武宗正德之后经历了长达十余年的内乱，老百姓迫切希望安定，继之而起的世宗、穆宗、神宗三朝，世宗时王守仁创办阳明书院，推行知行合一，穆宗任用戚继光镇守蓟州、永平、山海等地，修筑长城，神宗起用张居正进行改革，推行一条鞭法，严惩贪官污吏，于是出现了万历中兴这一新迹象。永州知府丁懋儒为了歌颂明神宗的伟大功绩，在浯溪的石崖之上书写了《大明中兴颂》，表现了老百姓迫切希望国家安定、繁荣富强的美好期盼。浯溪碑林摩崖除了《大唐中兴颂》《大宋中兴颂》和《大明中兴颂》三大碑刻之外，陆游、怀素、苏轼、柳宗元、欧阳修、徐霞客、黄庭坚、周敦颐、何绍基、吴大澂等身处不同朝代、不同时空的文学艺术大家也都曾不约而同来过永州，将自己对国泰民安的寄情感怀镌刻在悬崖峭壁之上。漫步在浯溪碑林中，到处可以看到关于中兴的话语，这里俨然是一部古人论中兴的言论集，大家将自己所处的时代、自己面临的问题、自己当时的情绪投入到讨论中，或附和前人观点，或提出疑问而立新论，但后人总能在其文字中读到一种历经千年万载也不会消失的良善祝愿：希望国家振兴，走向强盛；希望百姓安康，生活富足。

“中兴”是一个永恒的主题，大家都渴望国家能够中兴，民族能够中兴。杜甫说“飞扬跋扈为谁雄”，没有哪个时代的人比盛世唐人更意气风发，却也没有谁比杜甫更深切地感受到“安史之乱”给百姓

黄庭坚《中兴颂诗引并行记》(拓片)

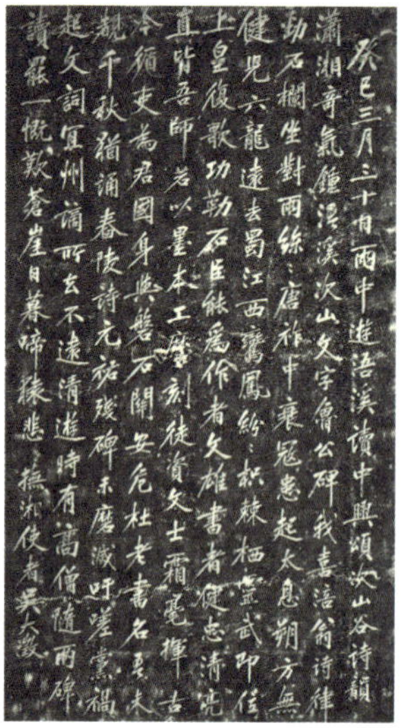

吴大澂《雨中游浯溪读中兴颂次山谷诗韵》(拓片)

带来的痛苦。有盛世就会有动乱，有衰落必有中兴，这是信念。以“天下兴亡,匹夫有责”自勉的明末清初思想家顾炎武,通过拓本看到了《大唐中兴颂》，称赞其文章与书法俱好。元结和颜真卿为后世留下此碑,意在“支撑正中夏”，支撑中国华夏的正统。是的，这是古代中国最重要的信念!

有如人的一生，在某个特殊的节点，历史也会留下关键的印记。

站在《大唐中兴颂》摩崖前，目光穿透历史兴衰无尽的烟云，突然觉得，天宝十四载（755），真是中国历史上重要的一年，就是从这一年起，大唐帝国开始走向历史的衰落。它结束了中国古代最大的盛世,唐朝前面130多年的繁荣与后面150多年的混乱对比鲜明自不必说,更为关键和严重的是失去了对于自身不健全的制度及时加以修正调整的机会，尤其是人文精神的建设一蹶不振，对外开放的博大胸襟一去不返，对于外民族的不信任与排斥，成为清政府一贯的心态。

一个大国的兴起，一个国家的形成，首先一定是一种新文化、新文明的崛起。华夏文明是人类历史上唯一没有中断的文明。华夏文明一经形成，就具有开放性和包容性，能够在开放中吸收异质文明，在包容中消化异质文明，在多元融会中更新自身。当它闭关锁国的时候，其文明的能量就会耗尽而致其衰落，一旦勇于面对挑战，以开放的心态兼容并蓄，变化了的血脉就会重新畅通，再接着生长、发展，如此螺旋式上升，使华夏文明生命力不绝、延续至今，正所谓“穷则变，变则通，通则久”。纵观华夏文明发展历程，总体上呈现开放态势。在中华思想文化发展史上，无论宗派流派如何众多歧异，都能经过一代又一代思想家的努力，兼综和合、融会贯通，最终形成同中有异、异中有同、你中有我、我中有你的多元统一的思想文化体系，化为推动中国历史前进的强大精神力量。

《三国演义》一开场就是“话说天下大势，分久必合，合久必分”，我想说，这是一个非常重要的历史现象，这也是中国古代历史的一个重要特征，却不必是世界历史的共同选择。而“中兴”的话题，同样也是历代王朝皆难以跳出治乱兴衰的一个历史周期率。事实上，一千多年来，碑林所有关于中兴的话语叙说，无不是在不断重复中兴这个坚定的信念以及良善祝愿。历史发展到今天，中兴的观念需要一个大的突破，我们不能再满足于传统意义上的“中兴”，我们需要有更博大的胸襟，需要有超越元结、顾炎武等前贤的智慧，需要一种新理念，需要新文化的崛起，任重而道远！

“湘江东西，中直浯溪，石崖天齐；可磨可镌，刊此颂焉，何千万年！”千年过去，崖石岿然不动。苍崖丹壁，点画犹然，《大唐中兴颂》摩崖仿佛是一个巨大的叹号！

相與居[illegible]天下先[illegible]
爲章細書六經刻之堅珉燦如日星　性天沖虛玩好則無惟詩
興書用損持盈豁利薄施有孚惠心惻怛至誠庶獄哀矜罪疑惟輕
黷言如瀾容之以寬　帝王所難夬決庭揚去佞投荒斷之以剛
外潔既除　邦風晏如功成不居遜于臨軒以詔元元明聽
股肱予臨兆民三紀于精未能頤神我謀允臧遜于　元良以養
壽康惟時　儲闈天挺　英姿聖孝仁之其從　東宮正位
九重嗣寶無窮　神器巍巍付之得安　朕心康哉
儲皇馳譯備伏丹墀　天聽不彰申命群臣拱如北辰以朝搢紳
蹤紹　洪圖大賚寰區聲武遠端冕綴旒貼率公侯問寢
龍鼎恭上　鴻名輝光益新至矣尊　親養志承顏貢琛百蠻
以待庭頒奉　親之餘遐及　采輿衍德同符　明聖相因
虞庭之遺其道盡循總攬權綱治具畢張宵旰靡遑若時登庸稷契
夔龍同寅協恭臨遣秉軺詢于芻蕘觀採風謠晉擢名卿賜對延英
審當列城親閱貔貅修我戈矛克壯　皇猷法令必行先甲先庚
信若權衡綜核勸懲廉善廉能廉績其凝自昔繼明尚克時憂莫如
方今親授規模擇選郡俞惟唐與虞三代以還書史班班求之實難
惟哉
上皇聖謨洋洋於堯有光惟我
大君克德升聞協于　放勛臣子之忠告厥成功頌聲形容不于
其文惟實之云歸美是勤夔門之山斗星爭寒可磨可刊以鏡于碑
與天為期萬世仰之
乾道七年夏四月刻

大宋中興聖德頌

左朝散郎夔州路轉運判官兼提舉學事臣趙不悳撰

左朝奉郎潼川府路轉運判官兼提舉學事臣趙公頌書

在朝散大夫直秘閣權發遣夔州軍州主管學事兼主管本路安撫司公事勸農事兼夔州路兵馬都鈐轄臣王伯庠上石

臣仰惟

一炁肇壽聖恩天體道太上皇帝以聖神文武之資授受天眷命以光啓中興逿功炁三紀思欲顯神冲糇與天地並其長久乃審莫默運斷自

宸衷親以洪圖授之

皇帝恩鮮烞至

渊聽莫回欽奉

慈詔嗣承慶祚凡

聖繼

聖明從

明盡道以事

聖朝觏爾於

餘貌宛子

施仁發政皆得於問安侍膳之

治之美自唐虞以來未有盛於

國宴武之興典謨並齊然而歌頌

朝之傳六臣子歸美報

上之義矩政以固西韓臣謹拜手稽

首而獻頌曰

惟天昭昭佑我

紀堯溥博如天淵泉如淵

帝是依

應龍之翔于波睢陽赤伏呈祥

興是依

太明昭昭至六合塵浚振

帝德閎逭炎精中微民心曷歸雁開中

好為修撫之以柔邊晁

威來實一祀同仁

天命誕膺紹開中

慈學盡孝盡命曰每義川

好為修撫之以柔邊晁

安黑然石礬萬國重歡日奉

之社威加漠北款納交趾路零西清□□務紀享
國久長禎及西方 禩考淵默道□□肆我
皇上如日昇東至性英悟孝奉□□遂志于學
講筵是隆師臣惟 帝德懋功崇允□□臣寔生
帝鄉靖共于位後先相望 帝皇所嚮□□業□乞□
邁有周文武成康受命自 與萬禩丕基□
萬曆三年歲在乙亥春王正月上旬朔□永州府知
府前進士何□經□官兵科右給事中王懋儒譔并
書 同知邵城通判紀光訓郎尚絅推官□惟植
祁陽縣知縣□公望典史□□□文刻石

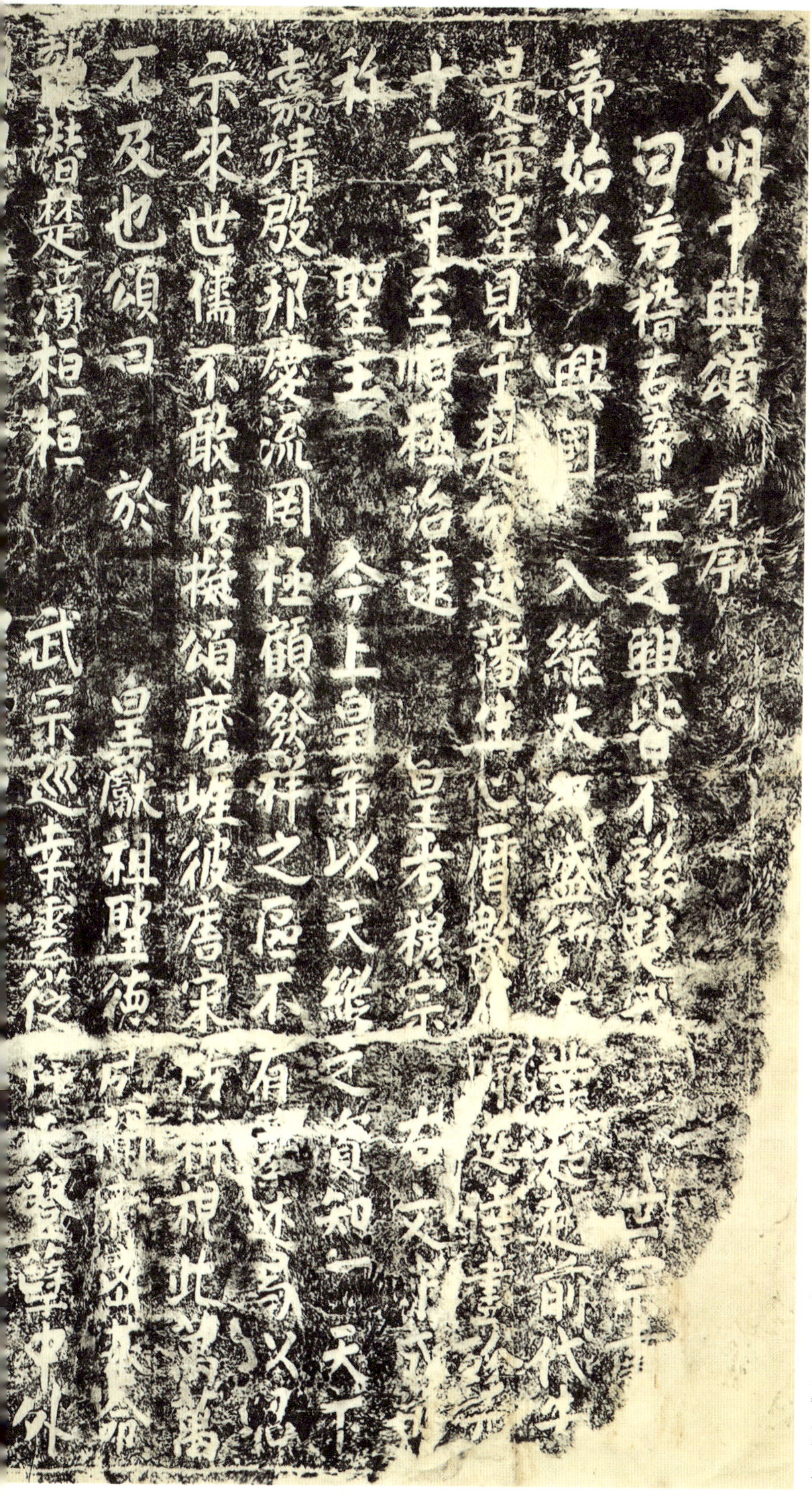
大明中興頌 有序
曰若稽古帝王之興皆不[illegible]楚[illegible]
帝始以興國入繼大統盛德[illegible]業超越前代[illegible]
是帝星見于楚[illegible]遂藩生也曆數[illegible]
十六年至順極治遠 皇考積宗[illegible]文[illegible]
稱聖主 今上皇帝以天繼之[illegible]知天下
嘉靖殷邦慶流罔極顧發祥之區不有[illegible]述焉以昭
示來世儒不敢倭擬頌磨崖彼唐宋[illegible]視此[illegible]
不及也頌曰於 皇獻祖聖德[illegible]命
龍潛楚甸桓桓 武宗巡幸[illegible]役[illegible]中外

《大明中兴颂》（拓片）

中兴青壁镌新篇

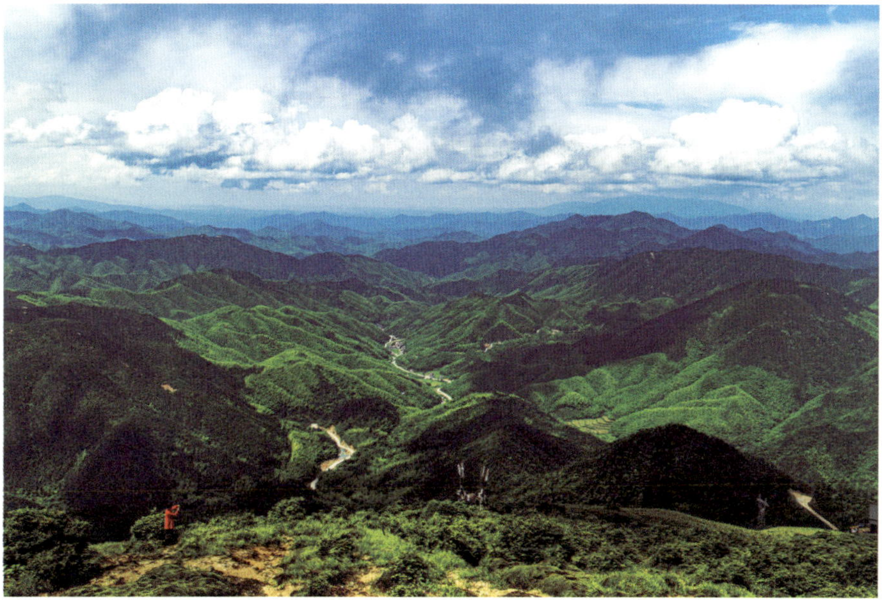

永州南风坳

安史之乱后，诗圣杜甫一路颠沛流离，飘零到南方湖湘之地，在一首《祠南夕望》诗中写道：“百丈牵江色，孤舟泛日斜。兴来犹杖屦，目断更云沙。山鬼迷春竹，湘娥倚暮花。湖南清绝地，万古一长嗟。”要说那最清绝之地，还得数南方之南的潇湘。比杜甫后来的柳宗元常常孤寂地行走于潇湘山水之间，也深深地感受到“以其境过清”而难以久坐。更后来的陆游说“不到潇湘岂有诗”，令诗人念念不忘的无非也就是一个“清”字。永州离盛世的中心很远，离动乱的旋涡也很遥远，永州就像一个在野的旁观者，一个清醒的思考者，是潇湘的清绝之境激活了一代又一代南下文人骚客的诗文灵感，更重要的是，也激发了他们孜孜求道的传统。潇湘情思，以原道发端，远迹舜帝、屈贾，中经元结、柳宗元，形成湖湘文化原道的源头，到周敦颐重构儒道的《太

永州蘋岛

极图说》，王夫之“六经责我开生面”，魏源“技可进乎道”“师夷长技以制夷”，谭嗣同锻造维新变法的思想利器《仁学》，直到毛泽东思想的形成，流风所被，化及千年，终于积千年之功，卓然独立于世，为中国近现代革命作出了巨大贡献。永州是一个不折不扣的文化奥区！

去永州不能不去浯溪，去浯溪又怎能不看《大唐中兴颂》。“湘江东西，中直浯溪，石崖天齐；可磨可镌，刊此颂焉，何千万年！”自元结之后，令人“万古一长嗟”的就集中于与潇湘清绝之境天然吻合的“中兴”信念。

传统意义上的“中兴”追求，也许历朝历代都有过。湘江之水汤汤北去，当时间流逝，一切坚固的东西都已烟消云散，唯独文化和精

《大唐中兴颂》所在位置

神将长存。在“中兴”无尽的嗟叹里，留下了一种永远的汉唐气度。越过制度文明与物质财富的山重水复，越遥远，越清晰，汉唐气度已化为一种海纳百川、有容乃大的博大胸襟，一种真正意义上的豪迈与文化自信。

我读《史记》，就觉得塑造中国人一些最基本的观念的不是早期的孔孟等诸子百家，而是司马迁，他在《史记》里不厌其烦地一一考证三皇五帝的世系，塑造出天下一家的概念，后世的人都信以为然。即使不是这样，中华民族有史以来一直与外族相融合，这却是事实。

数千年的揉塑，渐而抟结成中华民族，是文化的融合、文化的力量使许许多多不同的民族抟结成一个大集体，抟结成中国人。

汉代以后，经历了近四百年的南北分裂。唐代南北统一，是中国历史上一个空前的民族大融合时代。唐代文化源于魏晋南北朝玄学中的老庄思想、佛教和胡人习俗。魏晋南北朝以来，玄学中老庄思想的感染，使得唐代士大夫大都生活放纵，不拘小节。自汉代佛教传入，佛经的翻译至唐时达到极盛，佛学的传播使中国人的思想和生活都发生了剧烈的变动。佛教思想与以儒道为主的中国传统思想，经数百年的激荡揉塑，于唐代逐渐融合，形成了新的文化。唐人武功特盛，四境大辟，但李唐皇室起源于北朝胡化的汉人，视“华夷一家”，故突厥、吐蕃、新罗、党项、吐谷浑、波斯、大食等各国各族之人不仅在朝廷做官，经商传教者更是遍布长安、广州、扬州诸地，在中国境内自由发展。唐代无论在血统还是文化上，都是大规模与外族混合的时代。陈寅恪先生曾说：“李唐一族之所以崛兴，盖取塞外野蛮精悍之血，注入中原文化颓废之躯，旧染既除，新机重启，扩大恢张，遂能别创空前之世局。”唐人视“华夷一家”，又大量地接受外来文化，且把这些东西融会贯通，从而成就了蓬勃向上、充满活力、自由豪放、兼容并包的盛唐气象。

安史之乱是一个转折。乱事虽然终归平定，盛世却一去而不复返。

安史之乱平定后，安史余孽割据河朔，吐蕃、南诏乘机入侵，因而引起百姓对外族的仇视。可以说自唐中后期起，唐人开放的胸襟、博大的心怀、恢弘的气度日渐远去，直到明清以来，持续了将近千年，不能不令人“万古一长嗟”。

陈寅恪先生曾说："华夏民族之文化，历数千载之演进，而造极于赵宋之世。后渐衰微，终必复振。"确实，宋人将儒释道调和、融合，建立了中国本位文化的最高峰；不过，对外来文化的吸收几达停滞状态，也是事实。

蒙古人打通了东西之间的海陆通道，欧亚大陆上知识的传播虽然相当流畅，但是蒙古人的文化毕竟尚未能完全脱离游牧民族的本色，而元时中国本位文化仍具有深厚的潜力。

大元帝国一瓦解，笼罩在大家头上的庞然大物突然没有了，释放出巨大的国际权力空缺，出现了中华文明、阿拉伯文明、西欧文明和俄罗斯文明竞逐的局面。西欧走向了地理大发现，俄罗斯开始迅速扩张，奥斯曼帝国崛起并横跨亚欧非三大洲，它们都采取了往外突出的姿态和格局，而恰恰明朝时的中国采取了一个内敛的格局。一方面，明朝接管元朝旧有的广阔疆域与多种族群，开展复合政权的建设；另一方面，虽然掌握着当时世界上最为强大的陆军、水军力量，却放弃了元帝国的世界取向，而是满足于在亚洲尤其是东亚恢复以中国为核心与主宰的"中华亚洲秩序"，在疆域政策上呈现出内敛的取向。

近几十年来，随着资本主义萌芽、早期现代化、前近代、早期全球化等相关视角的研究，我们可以发现，15 世纪至 16 世纪的中国一点儿都不弱，经济很发达，社会很繁荣，文化也还算灿烂活泼，各方面一点儿也不落后于欧洲，甚至比欧洲还要先进。近年来，国内外许多学者都做了大量研究，大家都在讲一个故事，就是 15 世纪以后整个中国 GDP 世界第一，处于世界经济中心的位置。但这样的研究越多，带给我们的困惑也就越大，那就是中国为什么到后来还是落后了。

简单点说就是闭关自守。唐人是“华夷一家”，明朝是固守华夷之分，对外政策相对保守僵化，尤其是“海禁”政策，洪武皇帝一开始就把话说得很明白：“朕以海道可通外邦，故尝禁其往来。”下海经商把心都给跑野了，皇上要威权统治。“海禁”掐灭了中华文明向海洋发展、参与“大航海时代”竞争的一种可能性，而没有新航路、新技术，当然就不可能产生新思想。于是我们错失了整整一个时代。朱元璋、朱棣这几代君主实际上采取了严格控制内部的僵化的管理制度。内敛的不对外进取的王朝性格使中国文化在明代进一步走上衰落之途。消耗天下读书人一生心血的八股文，形式上也极其板滞，内容又只许代圣人立言，而不能发挥个人的思想见解。读书人埋头于空洞的形式以猎取功名，日久年深，以至于民族的智慧为之蔽塞，令人叹惋。

清人入关以后，世界资本主义开始迅速发展，乾隆皇帝却对前来请求通商的马戛尔尼说：“天朝抚有四海，惟励精图治，办理政务，奇珍异宝，并不贵重。尔国王此次赍进各物，念其诚心远献，特谕该管衙门收纳……”高高在上的帝王自命为“天朝上国”，自我封锁于一个有限的小小天地中，不肯睁眼看看汹涌澎湃的世界历史前进的潮流，对于西方的思想文化、科学技术深闭固拒，竭力限制中外经济文化交流。在别国经济蓬勃的发展中，中国已大大落后于世界。

清帝国既以强大征服者的姿态拥有暴力统治的基础，又根据中国传统皇权驯服了中国的文化精英。经过清初百余年皇权的强力干预，君主专制变本加厉，中国的儒生都成为俯首从命的书呆子，士大夫沦为奉命办事的奴仆，毫无个人主张可言，昔人“以天下为己任”的胸襟不可梦见。清人闭关自守的观念更是深入文化的骨髓，既自以为中国文化天下第一，又拒绝接受和轻视一切外来文化。到了清末，中国必须接受西方的文化时，从元明以来到清初的西方影响，都已经湮没不彰。不仅文化闭关，实际上所谓“盛世”，乃是文化活力的消沉。当文化精英群已经失去活力时，他们对于本国的文化，只是墨守成规；对于外来的文化，则因为自己没有信心，也就不能开放胸襟，接受新的挑战。

1840年鸦片战争起，清政府与西洋各国的交涉与战争，无不遭受败绩。割地赔款以及种种屈辱，使得清帝国惶惶不可终日。军事与政治的大失败，继而动摇了国人的文化自信，人们开始睁眼看世界。湖南人魏源作《海国图志》呼吁“师夷长技以制夷”，这部奇书被后人论为“中国知西政之始”。另一个湖南人郭嵩焘于1876年出任第一任驻英国大臣，在任期内悉心考察英国的政治社会，以为西方的政治修明、百姓富足，认识到立国之本不在兵事，而在政教，可惜直到今日，许多人的认知尚不及郭嵩焘。所谓数千年来未有之变局者，就是中华文明的强敌第一次不再来自广漠的文化相对落后的北方大陆，而是以排山倒海之势从海上呼啸而来，它不仅器械先进、军事霸道，文化也十分强势地向中华大地全面传输扩张，改变着这个古老大国的面貌与未来命运。

鲁迅先生说：“汉唐虽然也有边患，但魄力究竟雄大，人民具有不至于为异族奴隶的自信心，或者竟毫未想到，凡取用外来事物的时候，就如将彼俘来一样，自由驱使，绝不介怀。一到衰弊（敝）陵夷之际，神经可就衰弱过敏了，每遇外国东西，便觉得仿佛彼来俘我一样，推拒，惶恐，退缩，逃避，抖成一团，又必想一篇道理来掩饰。”往事不堪回首，又历历在目，自鸦片战争以来的一百多年间，历经洋务运动、新文化运动、中华人民共和国建立、改革开放，中西文明几度碰撞，我们经历了文化上的自我怀疑和放弃，传统的信仰、道德、伦理、文化认同面临巨大的挑战，中国精神的重构任重道远。

邓小平在总结历史经验时指出："现在任何国家要发达起来，闭关自守都不可能。我们吃过这个苦头，我们的老祖宗吃过这个苦头。恐怕明朝明成祖时候，郑和下西洋还算是开放的。明成祖死后，明朝逐渐衰落。以后清朝康乾时代，不能说是开放。……长期闭关自守，把中国搞得贫穷落后，愚昧无知。中华人民共和国建立以后，第一个五年计划时期是对外开放的，不过那时只能是对苏联东欧开放。以后关起门来，成就也有一些，总的说来没有多大发展。当然这有内外许多因素，包括我们的错误。历史经验教训说明，不开放不行。"一百多年前，在中华民族面临生死存亡的危急关头，无数的革命先贤抛头颅洒热血，寻找救国救民的真理，而接受外国先进的科学技术、知识经验、文化思想，吸取全人类创造的优秀文明成果，让我们这个掉队太久的民族重新融入世界之潮，最终屹立于世界民族之林，改革开放就是民族百年来凝聚的来之不易的共识。

杜甫在回忆盛唐时有诗曰："忆昔开元全盛日，小邑犹藏万家室。稻米流脂粟米白，公私仓廪俱丰实。"唐人最有继承创新的文化精神——将秦汉帝国的文化格局、南北朝职官、府兵、刑律等熔于一炉；唐人最有兼容并包的文化精神——丝绸之路，东起长安，西至罗马，各种宗教，和平共处；唐人最有世界主义的文化精神——国力极强盛，版图辽阔，经济发达，文化既大胆拿来，又讲"送去主义"，元气淋漓，色彩瑰丽！真正的崛起是文化的崛起，中华文明能为世界文明作贡献，能创造奇迹，“有容乃大”就是祖传永恒的法宝。改革开放创造的经济奇迹，正在一点一点地祛除中华民族百多年来曾经的憋屈、自卑与自虐，借助前所未有的全球化浪潮，自信、从容地拥抱西方文化，“各美其美，美人之美，美美与共，天下大同”，从而成就蓬勃向上、充满活力、自由豪放、兼容并包的时代气象，开创千年未有的全新“中兴”局面，路漫漫其修远。效法盛唐，自信地立足本位文化，撷取西方文化的长处，创造出光辉笃实的新文化正当其时，也正是我们时代最大的使命。

黄焯《三吾胜览》榜书

千年回望，千年长嗟，从盛唐到今天，我们正在创造和将要达到的，才是真正意义上的“中兴”。江山壮丽，人民豪迈，国家富强，文明昌盛，中华民族全面复兴，“六经责我开生面”，我们将在中兴青壁镌上崭新的篇章！

盛世要好书

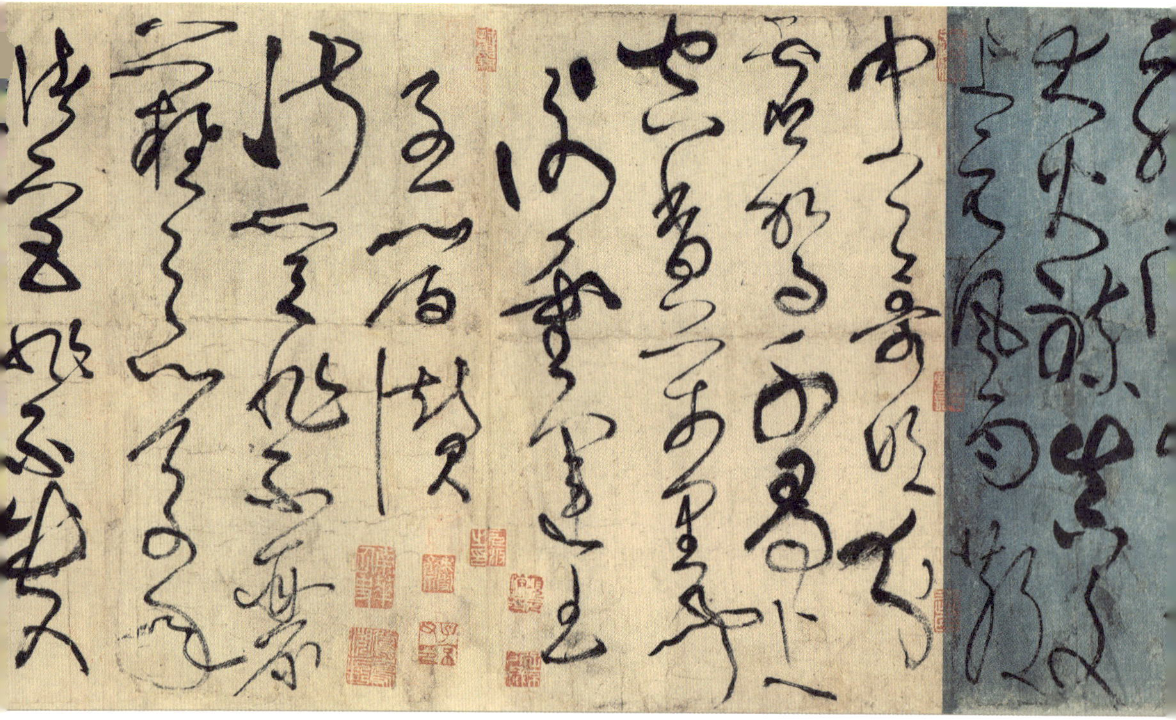

张旭《古诗四帖》（局部）

明清之际，顾炎武在看到《大唐中兴颂》碑拓时说："如见古忠臣，精灵感行色。"在中国书法史上，再没有第二块碑像《大唐中兴颂》一样，其文辞与书法能如此源源不断地引发国人上千年热烈的讨论，其精魄是如此地感染着每一个时代出行者的神色！每一个面对《大唐中兴颂》丰碑的人，无不发思古之幽情，怀念一个曾经伟大的时代，又无比地期待下一个中兴盛世的延续。盛唐的书法同样令人无限追怀，欧阳修说："书之盛莫盛于唐。"中国书法的长河，时而衰落沉寂，时而壮阔激昂。中国书法的复兴，还得从盛唐的书法中去寻找答案，亦必将以盛唐为榜样。

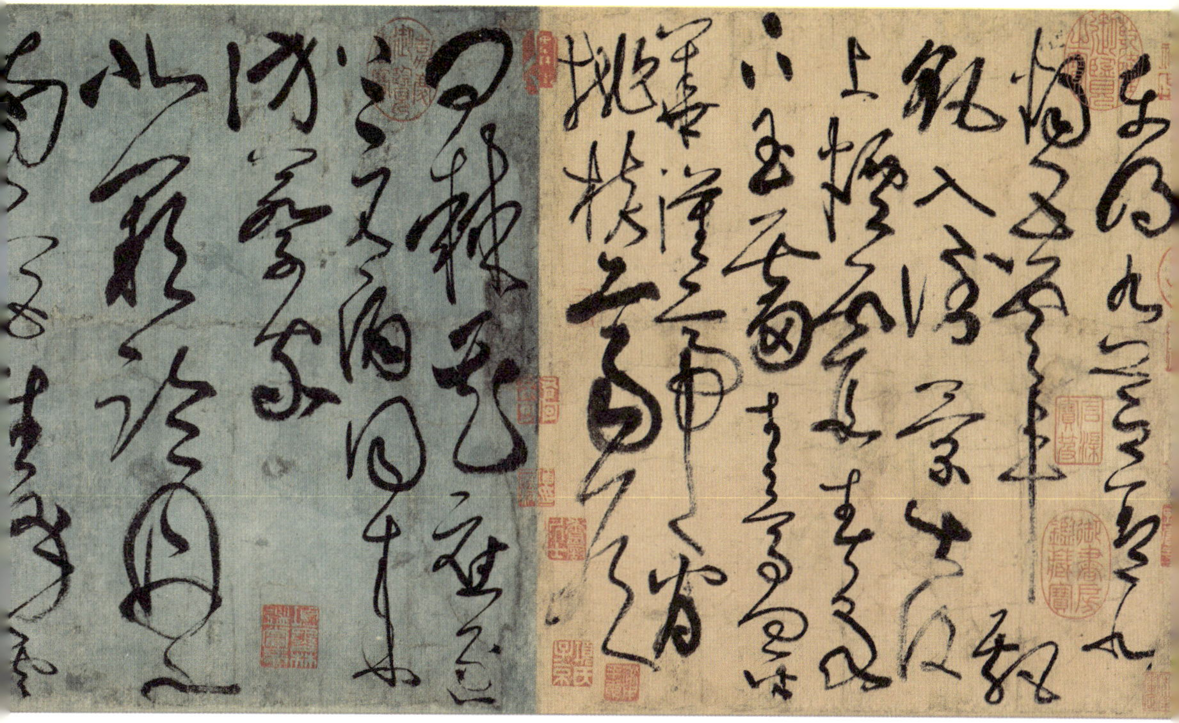

大唐书法的勃兴，或许源于一个既有鲜卑族血缘又有汉族血缘、既有魏碑背景又有兰亭迷思的男人——大唐皇帝李世民。他开启了中华民族最辉煌的时代，当然也是中国书法最激动人心的时代！北方魏碑的筋骨和南方手札的秀丽，在一个大融合时代的雄壮气氛中焕发出空前绝后的光彩。张旭的狂草与颜真卿的楷书，一飞扬一笃实，一飘逸一厚重，中国书法或者说中国人性情的双向极致于此完备。苏东坡曾说“书至于颜鲁公”，唐人书法成就几乎是后世难以逾越的高峰，唐人的法度意识，向美而生的进取精神，书即人、人即书的信念，是后世理想书法追求的永恒灯塔。

这种情形，在其他艺术门类中并没有出现过，在其他民族中更不可想象。上上下下，都希望在社会的各个层面建立一个方正、端庄、儒雅的“楷书时代”。楷书已成为一个时代的象征。以颜真卿书法为代表的唐代楷书代替汉代的隶书，成为汉字书写新的典范，也成为汉字世界中儿童书法入门的基本功。唐人尚法，楷书法则的建立有书体自身的发展规律，实际上也是盛唐时代的呼唤，这可以追溯到唐初李世民对王羲之的极力推崇。李世民亲自为王羲之作传，奠定王羲之书圣的地位，除了帝王个人的偏好，面对一个建立不久的庞大帝国，一代雄才李世民一定有更深、更大的政治抱负。事实上，唐代在政治、经济、文化等多个领域都为后世建立了楷则。唐以后，判断一件书法作品的好坏先看其法度，成为国人的共识。

书法的法度也许可以随着时代的变化适当地更易，但是，人们对法度的敬畏不会改变。唐人建立起来的书法法度代表的是一种理性精神，具有“为生民立命”的深刻意义。没有规矩不成方圆，书法之所以为书法，首先在法度。法度是阀，因法度得自由，任何一个有理性、有抱负的书家只有通过法度才可能最终进入随心所欲而不逾矩的艺术高境。

严整的法度、极致的规矩里，往往潜伏或者本来就伴随着极端的叛逆、无上的自由！“或重若崩云，或轻如蝉翼”，孙过庭的《书谱》似乎预告了狂草时代的来临，可惜他没有机会看到开元盛世，没有机会亲眼看到张旭、怀素、颜真卿的出现。癫与狂，是张旭、怀素的书法，也是他们生命的调性，更是大唐时代的个性。颠张醉素，像久远的传奇，可惜他们那些“脱帽露顶”“以头濡墨”“狂呼乱走”的情状和最令人叹为观止的墨痕随着历史岁月，在断垣残壁上漫漶消退成了尘烟，后人只能臆测或神往。从张旭到颜真卿，从颜真卿到怀素，唐代狂草

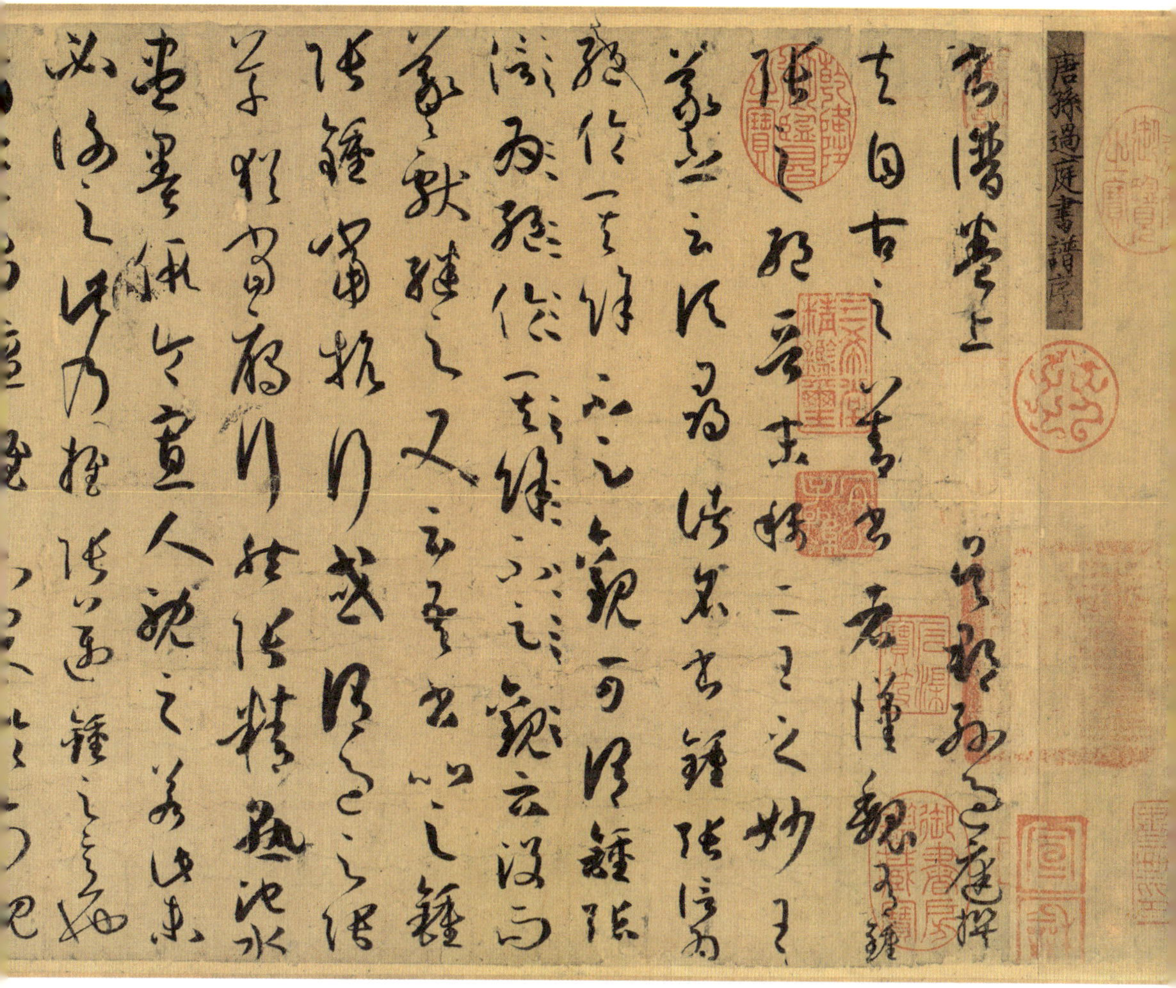

孙过庭《书谱》（局部）

的命脉与正楷的典范颜体交相传承，印证着孙过庭“平正”与“险绝”美学的相互牵制。

从草书的角度来观察中国书法，宋人的草书太过文气、书生气，太讲究形式。明清的大草以祝允明、徐渭、王铎等人成就最高，和唐人相比则太过宣泄，他们大都命途乖舛，草书成为“怒书”，如乱世哀鸣，如亡国悲声，总之是不得气息之正大，再也没有唐人的刚健有

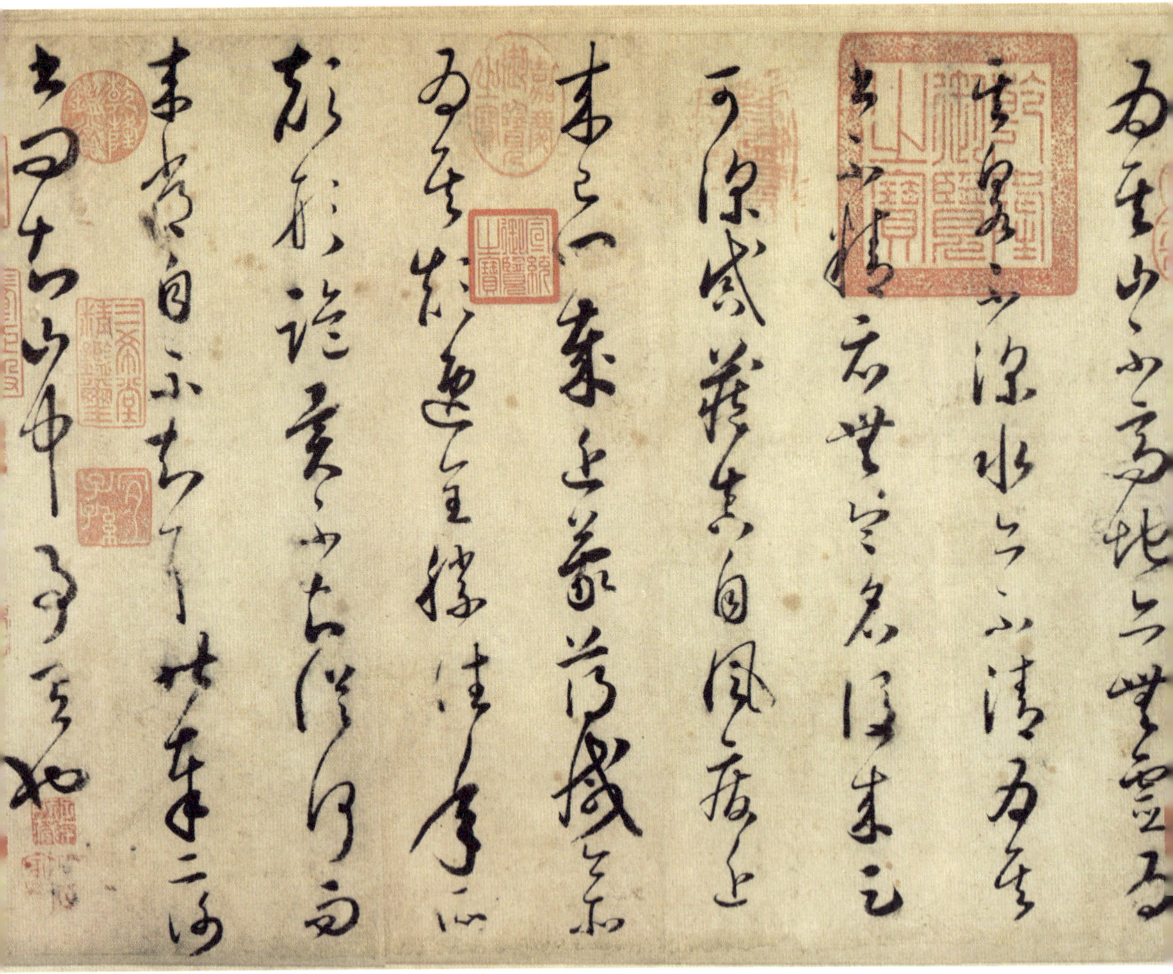

怀素《论书帖》

为与雄强大气。今人的草书并非真正的狂放浪漫，这大概可归结于“时代压之”，还有就是后世再也没有出现过像样的楷书。唐人的楷书与草书成就，一静一动，应该是互为表里的。张旭与颜真卿，如诗国的李白与杜甫，他们的草书和楷书成就，一个是天的精神，一个是大地的精神，是后世书法艺术追求永恒的精神指引。

看唐人的书法，尤其是狂草，是可以提升人格、振作精神的。展开法帖的一瞬间，是心花怒放的感觉，那里面有一种很深的精神气质，一种不负此生、不虚此生的时代集体意识，一种向美而生的精神力量！

日常的书写，只因“向美”二字而成为艺术。我们的日常生活，无时无刻不在向往美、追求美。蔡元培先生曾提出“以美育代宗教”说，美是人生的方向，是生活的重要意义。“向”是生命的一种本能，一种力量，蕴含着中国传统哲学的精义。先秦的诸子百家曾经就人性本善与人性本恶展开过激烈的争论，只有孟子斩钉截铁地说“人性向善”。孟子说：“恻隐之心，人皆有之；羞恶之心，人皆有之；恭敬之心，人皆有之；是非之心，人皆有之。”孟子认为，这就是共同人性。由此产生的，是共同价值，即仁义礼智。其中，恻隐之心就是仁，羞恶之心就是义，恭敬之心就是礼，是非之心就是智。所以，仁义礼智并不是外部世界强加的，而是每个人固有的，只不过大家没怎么注意而已。人皆有此四心，人性之向善正如水性，并不是“本”下，而是“向”下。水的特性，是趋向于低处；人的特性，是趋向于善良。人趋向于善良，就像水向下走一样自然，这就叫“人性之善也，犹水之就下也”。向善，成为儒家仁义道德的人性依据，这是孟子对儒学的重大贡献，也是对中华文明的重大贡献。我们的先人在造字、写字的过程中，始终有一股创造美——也就是向美——的趋向与力量，这种力量是生而为人所固有的。我们爱好书法，常常为经典法帖里的书法之美而赞叹不已，为外部五光十色的色相所迷惑，却很少有人能审察自己心中固有的那份向美的力量。其实我们很需要时时审察自己求艺的那份初心。向名？向利？向美？明乎此，我们的艺术方能变得更真诚、更纯粹！我们才能领略到书法艺术更深层次的美，创造出更有意义和价值的艺术。

传世的碑帖各有各的美，每个人都可以有自己的偏好，不过，唐人的碑帖是一定要经常读的，只因它具有一种一往无前、意气风发、向美而生的永恒的精神力量！

每一件刻骨铭心的经典作品后面，都有一个鲜活的生命存在。有斯人方有斯书。书即人，人即书，这是一个老生常谈的话题，却总有不断加深理解的必要。

《孟子·万章下》云："颂其诗，读其书，不知其人，可乎？是以论其世也。"文学如此，书法亦然。何况唐代张怀瓘有言："文则数言乃成其意，书则一字已见其心。"苏轼说："吾观颜公书，未尝不想见其风采。"唐人颜真卿正是人书合一最具代表性的人物。我们因为书法而喜爱上颜真卿，更因为他不平凡的人生而深入其书法精神真正的玄奥之境。

颜真卿二十五岁中进士，后参加吏部铨选，从此步入仕途，到他七十五岁以身殉国，其仕途虽曲折坎坷，波澜起伏，但他宠辱不惊，愈挫愈坚，矢志报国，刚正不阿。"斯人忠义出于天性，故其字画刚劲独立，不袭前迹，挺然奇伟，有似其为人。"艰难困苦，玉汝于成。建中四年（783），受卢杞陷害，颜真卿被迫前往许州安抚李希烈。明知凶多吉少，但真卿忠君爱国，视死如归，最终被缢死。后曹王李皋

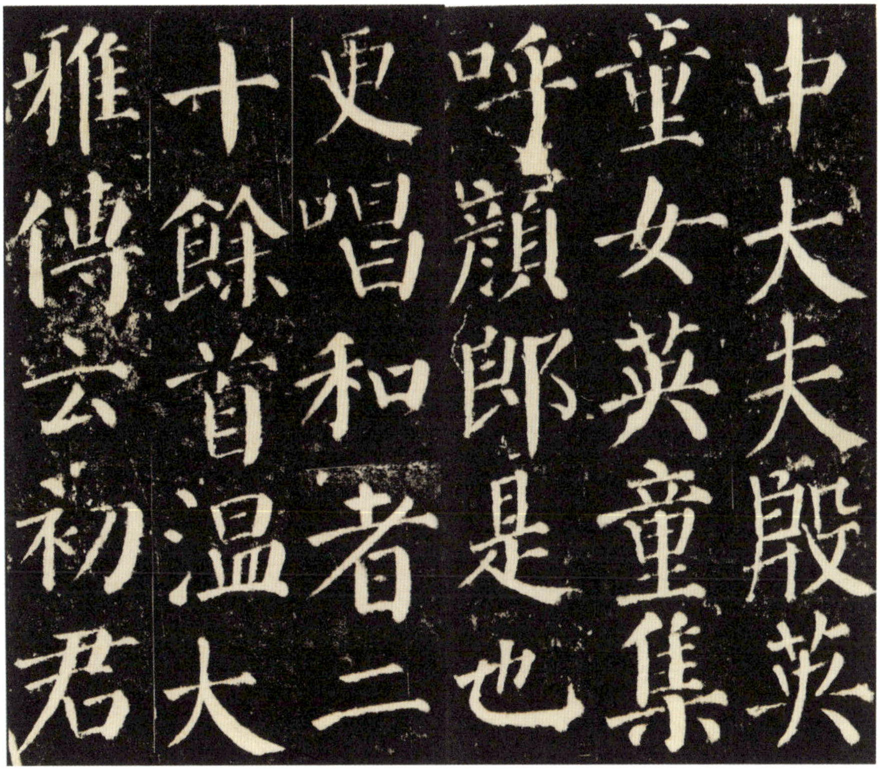

颜真卿《颜勤礼碑》（拓片局部）

上疏曰：“今颜真卿伏缢希烈庭，皆启明君臣，发挥教训，近冠青史，远绍前贤。”颜真卿的忠义典范，为百官树立了积极的形象。颜真卿一生“出入四朝，坚贞一志”，奉公循理，不伐能不矜功，以天下兴复为己任。其忠义正气与天地并存，与日月同辉。清康熙评价道：“觉忠义之气，犹勃勃楮墨间，朕重其人，益爱其书，不啻逾于球璧矣。”不了解颜真卿在当时社会扮演的角色，是无法懂得他的书法为何会受到如此高评价的。

颜真卿这样伟大的书法家是由血与火淬炼而成的。欧阳修说：“余谓鲁公书如忠臣烈士、道德君子，其端严尊重，人初见而畏之，然愈久而愈可爱也。”这绝对是经得起历史检验的中肯之论。黄庭坚还曾到颜真卿当年遇害的地方去凭吊，看到壁间颜鲁公留下的题字，仍然心潮澎湃，感慨万千，写下了这样的话：“余观颜尚书死李希烈时壁间所题字，泫然流涕。鲁公文昭武烈，与日月争光可也。”这些发自肺腑的文字，今天读来仍然感人至深！我们就这样从知人论世的中国传统评价体系出发来理解书法，从传世经典作品的一笔一画后面发现人性的光辉，从先贤的人格中汲取精神力量。人即书，书即人，知人论世，这是读懂传世经典书法最基本的准则，也正是艺术之所以为艺术的意义所在。

回到自身的书法修炼，书法是人生的艺术，是人“取诸怀抱”“因寄所托”的产物，有什么样的人便有什么样的书法。书即人，人即书，念兹在兹，实际上就是要求自己用生命去书写，传统的说法是功夫要上身，要能变化气质。写字几十年，字与人全不相干者大有人在，这不能不说是一个巨大的遗憾。书即人，人即书，可以是学书者的一个宏愿，一个大追求，时时提醒我们从内在下功夫，从自身的哲学素养、文化修养等方面下功夫，养德与修艺并行，努力创作出“文质彬彬”“尽善尽美”的作品。艺术的目的终究是成就自己，成为更好的那个人。

信息传播的快捷，印刷技术的发达，新材料的发现，书法专业学科的建立……我们似乎正在进入一个书法的大时代，却又总觉得还不够：多了点技巧，少了点生命的真实力量；多了点功利，少了点唐人那种神采飞扬、积极进取、蓬勃向上的少年精神。敬畏法度、向美而生的信念，人即书、书即人的精神诉求，将是我们领悟大唐书法精神、复兴大唐书法荣光的钥匙。

白居易在《读李杜诗集，因题卷后》中说："天意君须会，人间要好诗。"白居易的这句诗强烈地表达了唐人刚健有为，对社会负责，以心忧天下的关怀做到不负此生、不虚此生的时代精神。他表明好诗是天意之所在，天意之肯定。一个伟大的时代，自然也要好书法，唐人创造了他们时代难以超越的好书法。在这个江山壮丽、人民豪迈、国富民强、文化昌盛、民族复兴的伟大时代，我们回望盛唐，想到书法的复兴，天意君须会，盛世要好书。数十年来，大量简牍、帛书被发现，它们所承载的文化信息足以改变我们原有的文化观念，松动固有的文化板块，它们所呈现的书法艺术如此完美，是无数彪炳千秋的历史书家都没见过的上古书法真迹，是当代书法人的幸运与历史机遇，我们完全可以效法盛唐，超越盛唐，创造出属于我们这个伟大时代的好书法！

天意君须会，盛世要好书！

如见古忠臣，精灵感行色

——浯溪《大唐中兴颂》的书法美学与盛唐精神

每次到岳麓书院，在讲堂内外“忠、孝、廉、节、整、齐、严、肃”八个近两米高的大字碑前徘徊，目光便会随着那些遒劲有力的笔画游走，有一股袭人的静气，让人沉默，让人静穆，让人凛然！从这座书院大门走出去的书生们，写字都惊人一致，写得整齐严肃、正义凛然、大气磅礴！显然，在这座庭院里，隐藏着湖湘书风最大的精神秘密，或者说保有我们湖湘书风最根本的精神基因。

出书院大门，逆湘江而上，过南岳衡山，直抵永州，“湘江东西，中直浯溪，石崖天齐；可磨可镌”。颜真卿平生最得意的唯一巨幅摩崖《大唐中兴颂》屹立于浯溪石壁！浯溪略显寂寞，然而，犹如江潮日夜永不停歇地拍击堤岸碑林，有一种强烈的共鸣在我心底从来不曾消退，那里应该就是湖湘精神，当然也是湖湘书风更远的精神源头！

铭刻于石壁的复兴信念

一千二百多年前的一个春天，道州刺史元结从潭州都督府办完事返回道州（今湖南省道县一带），途经祁阳时泊舟停宿，见此处悬崖峭壁、怪石林立，流连忘返，因爱恋此地山光岚气，竟弃官归隐。他饶有兴致地将一条“北汇于湘”的小溪命名“浯溪”，浯溪，就是“我的溪”。公然声称这条溪是属于“我”的，怕只有元结了。一千一百多年后，湖南巡抚吴大澂慕名而来，同样感慨此地“可惊，可愕，可图，可咏”，并公然在石壁上铭刻“次山私之，谁曰不宜”。用今天流行的话说就是：元结啊，你值得拥有！

这不过是因为《大唐中兴颂》！

元结（719—772），字次山，河南（治今河南洛阳）人，文武

浯溪碑林外景

双全，堪称唐代的奇才。他是儒将，爱兵如子，率军作战，功勋卓著。他又是清官，爱民如子，治州有方，政绩斐然。他还是唐代著名的诗人、文学家，为唐代白居易、元稹所倡导的新乐府运动和韩愈、柳宗元所倡导的古文运动的先驱之一。元结的作品《元次山集》对后世的诗歌文化、古文文化、石刻文化和山水文化影响巨大。唐宋散文八大家之一的宋代欧阳修在《唐元次山铭》中赞曰："次山当开元、天宝时，独作古文，其笔力雄健，意气超拔，不减韩之徒也，可谓特立之士哉！"

唐代宗广德元年（763），元结出任道州刺史。当时，道州刚经历

了一场大的战乱，广西西原蛮攻入道州，给道州社会经济造成了很大破坏，人口大量流失，满目疮痍。面对朝廷派来催缴赋税的官员，元结一方面向朝廷奏请减免赋税，一方面为难民建房分田，并写下了《春陵行》《贼退示官吏》二诗，不事雕琢，尽道眼前所见之事和自己想说之话。前者集中表现了元结关心人民疾苦，同情人民群众，一心为民请命的仁政爱民的思想感情；后者对征收赋税的使臣不关心人民疾苦作了进一步谴责，说他们连西原蛮都不如，自己则宁愿丢官也不能置人民于死地，体现了元结批判现实的勇气和精神。伟大诗人杜甫看到元结所写的这两首诗以后，对元结大加赞赏：“粲粲元道州，前圣畏后生。观乎舂陵作，欻见俊哲情。复览贼退篇，结也实国桢。”肯定元结是国家的栋梁之材，如果国家重用像元结这样的人才，把他们派到全国各地去当地方长官，天下就会安定。“何时降玺书，用尔为丹青。狱讼永衰息，岂唯偃甲兵！”同时，杜甫极力赞颂他的诗作，认为他的这两首诗作可以与日月同辉：“道州忧黎庶，词气浩纵横。两章对秋月，一字偕华星。”元结任道州刺史期间，正是道州历史上最困难的时期之一。作为一个政治家，作为一个称职的地方官员，元结不仅坚持以民为本，做到勤政爱民，而且严格要求自己，做到为政清廉。他认为，无论太平盛世，还是战争年代，一个州民生的好坏，都与刺史好坏有着直接关系。于是，他对道州历任刺史的政绩作了一番详尽的了解，得出的结论是好的不多，差的不少。为了告诫自己和后来的刺史要“守土爱民”“专守法令”，他写了一篇《道州刺史厅壁记》，刻于刺史厅堂之上。元结在这篇题记中，对如何当好刺史作了简要的论述，提出当好刺史要有“文武才略”“清廉肃下”“明惠公直”的基本政治素质。不然的话，一州的老百姓和一切“生类”，都要受其所害。这篇题记不仅惊动当时，也是以警后世的好遗产，对后世影响很大。唐、宋、明都有人摹刻。元结堪称封建官吏楷模，他的《道州刺史厅壁记》足以不朽，然而，这似乎只是另一块与日月齐光的巨制丰碑《大唐中兴颂》的前奏。

天宝十四载（755），中国历史上最为强盛的大唐王朝面临土崩瓦解的危险。安禄山率领的叛军接连攻城略地，直逼长安。天宝十五载（756）六月，潼关失守，随着叛军的步步紧逼，唐玄宗狼狈出逃。行至途中，军队中长期对宠臣杨国忠的不满情绪爆发，将士们甚至采取了极端手段，逼迫唐玄宗不得不把杨国忠的堂妹、贵妃杨玉环勒死在马嵬驿。安史之乱前后历时近八年，大唐江山也数度岌岌可危。后叛乱终于被平定，满天的乌云散去，天下重归太平，自然可喜可贺。为了纪念这一历史事件，元结以满腔热情撰写了著名的《大唐中兴颂》。

大历二年（767），道州刺史任满后，元结在湖南祁阳浯溪定居下来，并开始在浯溪进行大规模的营建和刻石，没有人去猜摸元结当时大规模营建和刻石的用心所在。大历六年（771）四至六月，元结的挚友、唐代大书法家颜真卿，从江西抚州卸任北归，特地绕道来到浯溪看望元结。元结拿出自己写于上元二年（761）的《大唐中兴颂》，请在平定安史之乱中立下丰功伟绩的颜真卿书于浯溪之崖,然后请人镌刻，此碑可以说是二公同心同德的结晶。今天我们走进浯溪，就像走进一部唐代以后的文学和书法史，就像走进一个文化道场。历朝历代的文豪、书家们都曾相继朝浯溪集结，他们从四面八方而来，穿越千山万水，以独特的人文精神和奔涌的才情聚于浯溪，作一次又一次超越时光的对话和心灵的碰撞。

可是，使后世文豪、书家们在浯溪集结就是元结当初刻石的用意吗?

还是来看看《大唐中兴颂》原文吧：

大唐中兴颂（有序）

尚书水部员外郎兼殿中侍御史、荆南节度判官元结撰

金紫光禄大夫、前行抚州刺史、上柱国鲁郡开国公颜真卿书

天宝十四年，安禄山陷洛阳；明年，陷长安。天子幸蜀，太子即位于灵武。明年，皇帝移军凤翔，其年复两京，上皇还京师。於戏！前代帝王有盛德大业者，必见于歌颂。若今歌颂大业，刻之金石，非老于文学，其谁宜为？颂曰：

噫嘻前朝，孽臣奸骄，为惛为妖；
边将骋兵，毒乱国经，群生失宁。
大驾南巡，百寮窜身，奉贼称臣。
天将昌唐，繄睨我皇，匹马北方。
独立一呼，千麾万旟，戎卒前驱。
我师其东，储皇抚戎，荡攘群凶。
复复指期，曾不逾时，有国无之。
事有至难，宗庙再安，二圣重欢。
地辟天开，蠲除袄灾，瑞庆大来。
凶徒逆俦，涵濡天休，死生堪羞；
功劳位尊，忠烈名存，泽流子孙。
盛德之兴，山高日升，万福是膺。
能令大君，声容沄沄，不在斯文？
湘江东西，中直浯溪，石崖天齐；
可磨可镌，刊此颂焉，何千万年！

上元二年秋八月撰　大历六年夏六月刻

《大唐中兴颂》（拓片）

浯溪碑林

凝结于石壁的盛唐之音

浯溪摩崖《大唐中兴颂》是颜真卿六十二岁时所书，此时颜真卿书法技巧、风格已完全成熟，有元结雄文助其笔力，又与山川江水相映发，不愧为颜氏生平最得意的唯一巨幅作品。清代杨守敬《学书迩言》云：“《中兴颂》雄伟奇特，自足笼罩一代。”清代杨宾《大瓢偶笔》云：“古劲深稳，颜平原第一法书也。” 元代郝经说：“书至于颜鲁公，鲁公之书又至于《中兴颂》，故为书家规矩准绳之大匠。”如此巨幅杰作，尽显鲁公胸怀之博大、技艺之高超、功力之非凡。

《大唐中兴颂》石刻（局部）

颜真卿毕竟是王羲之以后最伟大的书家，在他生活的盛唐时代，南北融合，中外贯通，时代气象健康爽朗、博大恢弘，内敛的、方严清瘦的楷书已经变得越来越苍白。颜真卿以他的天赋、他的胆魄、他的功力创出一种外拓的、朴厚雄伟的书体。《大唐中兴颂》端庄浑穆、元气淋漓，于圆满中见筋骨，笔力雄健、力沉势足、大气磅礴，树立起了与时代精神相称的崭新书风。从这个意义上说，《大唐中兴颂》已超越颜真卿个人书风的转变与成熟，代表的是盛唐时代的文化艺术精神，是凝结于浯溪石壁的盛唐之音！

颜公变法出新意

苏东坡曾说“颜公变法出新意”，颜真卿书法的特殊意义在于他“一变古法”。

如果你不了解中国书法历史长河的流变，不了解盛唐时代那种恢弘的精神与气势，不了解颜真卿一生的立德、立言、立功三不朽，你就永远无法了解或者永远想象不到颜真卿的伟大！我按照时间的先后顺序，将颜真卿所留下的各个时期风格各异的书法作品一一摊开，置于案头，徘徊流连，饱看数日，闭目冥想，不能不由衷地、无言地、长久地喟叹，在书的新意方面，没有其他书家可比得上颜真卿。如果仔细研究其生平与书法艺术历程，完全可以说颜真卿书法里包含并解答着书法的所有问题！

初唐的书坛，以欧阳询、虞世南、褚遂良等人为代表的王派书法占重要位置，他们都取法“二王”并形成一个势力强大的书法流派，书坛一直在等待一场大的书法突破和革新，而革新的代表人物，就是盛唐时期的颜真卿。他继往开来，在笔法、结体、章法布局等方面都与王派书风迥异，独树一帜。

首先，在笔法上，颜真卿改变了初唐王派书家注重运指、风格轻盈秀丽、以瘦硬取胜的特色，加大腕力的运用，力透纸背，力入崖石，开创出书法艺术前所未有的力量之美。

东晋卫夫人《笔阵图》云：“多骨微肉者谓之筋书，多肉微骨者谓之墨猪。”颜鲁公的书法虽然肥厚，但是丰润饱满、端庄持重，绝对不是所谓的“墨猪”。颜真卿的笔法突出一个“筋”字，即范仲淹最先看出的“颜筋”。苏轼也在颜体丰腴厚重的面貌里看出了“细筋入骨如秋鹰”，这与把颜字写得痴肥的人在见解上有了霄壤之别。

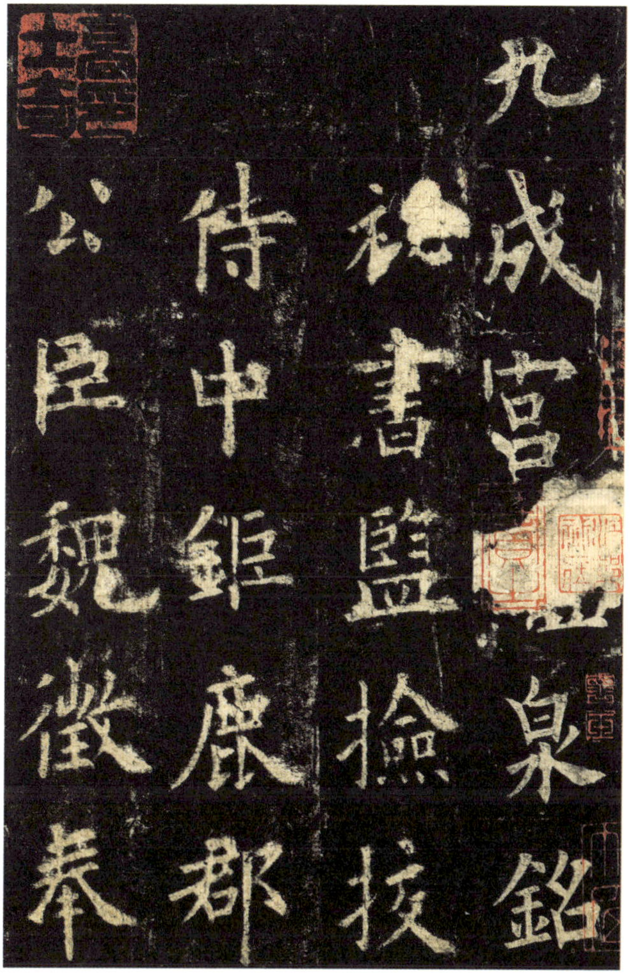

欧阳询《九成宫醴泉铭》（拓片局部）

清代，康有为、阮元提倡碑学，认为颜书主要来源于北碑，吸取了北碑刚健雄浑的气质。康有为说：“颜鲁公出于《穆子容》《高植》，其古厚盘礴，精神体格悉似《穆子容》，又原于《晖福寺》也。清臣浑劲，又出《圆照造像》，钩法尤可据。”阮元认为：“唐人书法多出于隋，隋人书法多出于北魏、北齐。不观魏、齐碑石，不见欧、褚之所从来……

即如鲁公楷法，亦从欧、褚北派而来。其源皆出于北朝，而非南朝‘二王’派也。”刘熙载认为颜公不只继承了“二王”和北碑，他师承前代书家的范围还要更广泛：“颜鲁公书，自魏晋及唐初诸家皆归隐括。东坡诗有‘颜公变法出新意’之句，其实变法得古意也。”孙承泽指出：“鲁公楷书带汉人《石经》遗意，故袪尽虞、褚娟媚之习。”

总的来说，就是颜真卿的新笔法吸收了篆、隶中锋用笔和藏锋逆入的特点，将此化入楷书。而且“折钗股”“屋漏痕”“印印泥”“锥画沙”等笔法都体现在他的书法作品之中，写出了独具特色的“蚕头燕尾”的颜楷，丰腴劲健，端庄雄伟。这种新的笔法写出的楷书已经一变初唐以来的那种楷书风貌，二者的区别就在于：前者（指初唐楷书风貌）侧，后者正；前者娟秀妩媚，后者元气淋漓。

看了一些前人的评说后，我忽然觉得，在颜真卿一生众多的书法作品中，摩崖《大唐中兴颂》正是其笔法的一个重大转折！怎么说呢，在此之前，从秀媚多姿的《多宝塔碑》到浑厚开张的《东方朔画赞》，再到雄秀独出的《麻姑仙坛记》，颜真卿也一直在变，变化也大，但似乎总是学习汲取前辈经典的多，仿佛一直都在为某一个时刻作准备，甚至欧阳询、虞世南等人的努力都可归结为这种准备。颜真卿写完《麻姑仙坛记》两个月后，准备得差不多了，《大唐中兴颂》就要登场了！有元结雄文助其笔力，有浯溪山川江水相映发，有平复安史之乱后大唐中兴的自得，颜真卿的书写突然由精确走向随意、走向自在！自此，颜真卿的用笔只体现四个字——粗锋饱墨！这种元气淋漓的新笔法固然可以分解出其篆隶成分，却不如说是受盛唐时代气势的裹挟而不由自主地呈现！

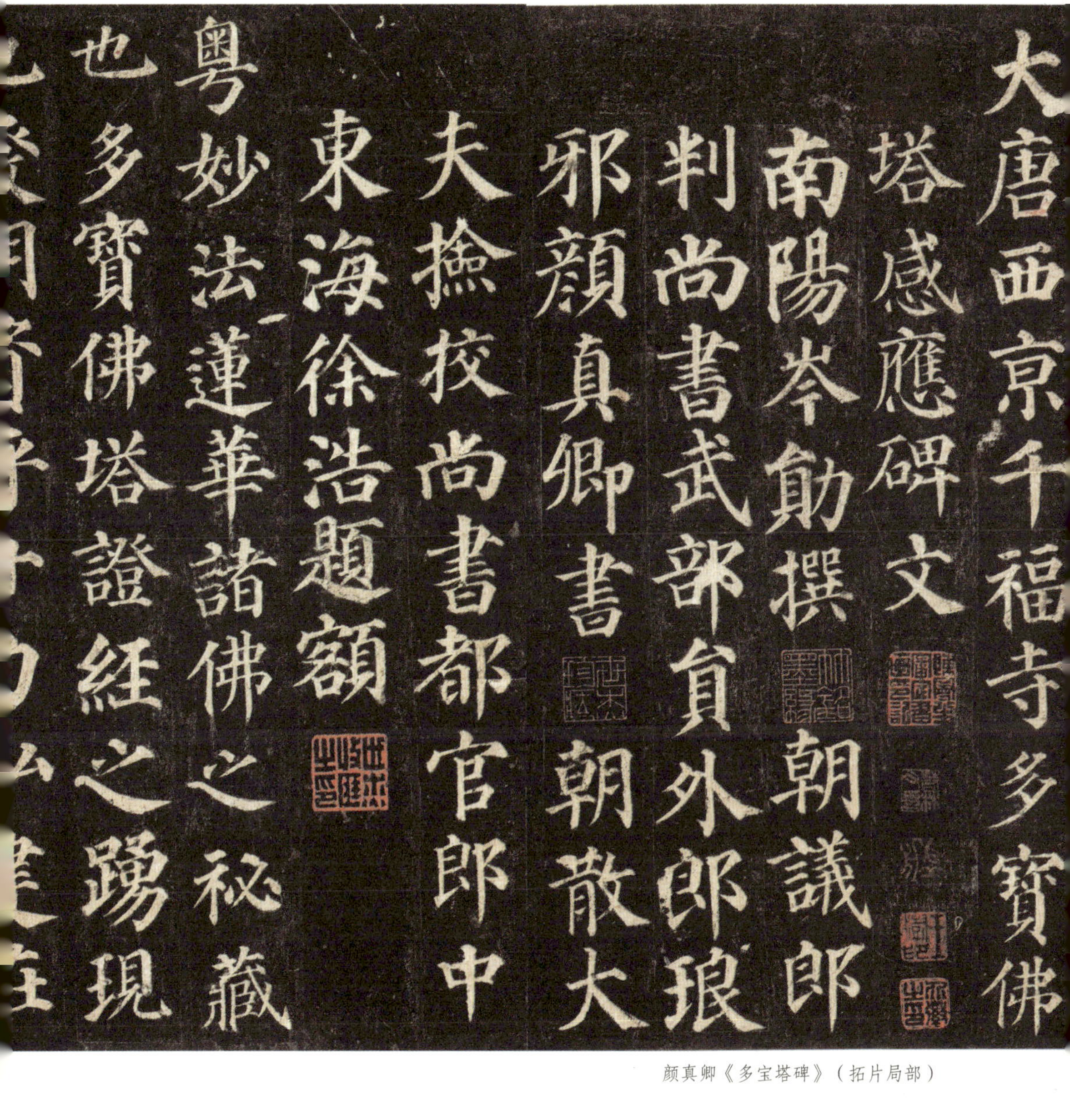
大唐西京千福寺多寶佛
塔感應碑文
南陽岑勛撰 朝議郎
判尚書武部貟外郎琅
邪顔真卿書 朝散大
夫撿挍尚書都官郎中
東海徐浩題額
粤妙法蓮華諸佛之祕藏
也多寶佛塔證經之踴現

颜真卿《多宝塔碑》（拓片局部）

颜真卿《麻姑仙坛记》（拓片局部）

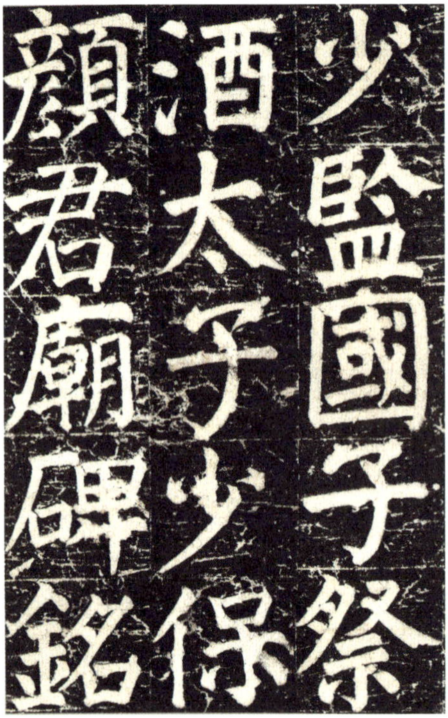

颜真卿《颜家庙碑》（拓片局部）

其次，在结体上，颜真卿改变了王派书风大多左紧右舒、左低右高、右肩稍耸、字形微侧之势及灵便洒脱之姿，吸收篆、隶正面取势、浑圆庄重的特色，笔画端平，左右对称，字字都以正面形象示人，突出了字体的方整、刚正。魏晋时代的字讲究风流洒脱，结体多呈放射状，所谓斜画紧结，王献之是代表人物，后世的柳公权、黄庭坚发扬光大。颜真卿的字如“国”字，先定四角，在方正的框架内安排点画，内敛，所谓平画宽结，将方整、刚正、大气推向极致。

《旧唐书·颜真卿传》云：“如清臣富于学，守其正，全其节，是文之杰也。”王世贞评《大唐中兴颂》说，颜真卿书“字画方正平稳，不露筋骨，当是鲁公法书第一”，方正和平稳连在一起使用非常自然，加之“不露筋骨”，他将此碑定为颜真卿“法书第一”。而且后人评书大都将结体的方整与颜真卿人品的端正相结合。董逌说：“鲁公于书，其过人处，正在法度备存而端劲庄特，望之知为盛德君子也。”王澍的《虚舟题跋》云：“此《颜家庙碑》乃公用力深至之作，年高笔老，风力遒厚，又为家庙立碑，挟泰山岩岩气象，加以俎豆肃穆之意，故其为书庄严端悫，如商周彝鼎，不可逼视。”

最后，在章法布局上，王派书法字小而行宽，具有宽舒静穆之感，犹如一首情深意长的抒情小调；颜体楷书则与此相反，大小参差，行距缩小，全篇布局具有充实茂密之致，字里行间洋溢着充沛的气势，浑然一体，密不可拆，像一组雄壮高亢的交响曲。

《大唐中兴颂》全篇布局充实茂密而又开阔雄壮，字里行间洋溢着长风忽起、巨浪翻滚的气势。标题、序颂，分段提行，均精心设计，摆布恰当。文中遇“天”“皇”起首，空格抬头以表敬意，更得到透气自然之妙趣，有增章法之完美。“字如其人”，颜真卿以忠义大节著于史册。明陶宗仪评颜氏：“骂贼而死，惟其忠贯白日，故精神见于翰墨之间者，特立而兼括。”诚然，颜书《大唐中兴颂》流动而又刚健的运笔、秀丽而又圆润的点画、落落大方而又平整坚实的结构，形成质朴雄强的气势，有如一曲刚劲有力的正气之歌，显示出作者“立朝正色，刚而有礼”的风度，实令人百看不厌，回味无穷，感慨万千。

书法和文学一样也是可以“化育天下”的“不朽盛事”。真正的书法鉴赏应该是超功利的，“深识书者，唯观神采，不见字形”。颜真卿作为一个道德楷模，其事迹妇孺皆知，其书法作品几乎成为认识其形象的一个很重要的途径，可谓“见字如面”。“字”在此时成了符号，消融了笔墨的内涵，越过笔法、结体、章法，颜真卿书法尤以其凛然正气令人惊心动魄。明代赵崡说颜书“千载而下犹有生气”，竟能感受到“鬼神呵护，有由来矣”，这种生气令“数百世而下读之”仍能流传。王世贞说“公刚劲义烈之气，其文不能发而发之于笔墨间”，“刚劲义烈”的气息无法完全通过语言表达，而笔墨却反而能够补充这一缺憾。王世贞直接在颜真卿碑刻的笔画间感受到“劲节直气”，可以说颜真卿早已于笔墨间表达出范仲淹“居庙堂之高则忧其民，处江湖之远则忧其君”的高远境界。

书势自定时代

翁方纲说“书势自定时代”，书法艺术的发展趋势取决于时代和社会的发展。中国古人早已认识到艺文随时代而嬗变的特质，刘勰在理论上就曾总结“时运交移，质文代变”，“歌谣文理，与世推移”，艺术的风格和历史与时代精神紧密相连。

当一切具体的历史进程成为背景，化为虚无，最后只沉淀、凝结成一段书法线条等符号，而我们只从这样一段线条里竟然就可以去理解一段历史风云、一种过去的时代精神，这可以说是对“书势自定时代”的另一种解释。

在唐以前，王羲之在技术上集时代之大成，创造了形式妍美、风格典雅的正书、行书和草书，开一代书法之新风。但王羲之对中国书法的意义绝非仅仅在于创造了一种新的汉字书写视觉样式，更重要的是在人格、价值观、行为品格上。他以万人景仰的超级贵族子弟的身份而超越俗流，在艺术形式与文人精神品格之间创造了一种超然独立的幻影般的理想人格，诠释了一种中国文人名士最向往的“率性自由”的精神。魏晋士大夫认为，我们追求快乐、追求幸福、追求愉悦，是率性而为。所以郭象讲了一句很有名的话：“夫率自然之性，游无迹之涂者，放形骸于天地之间，寄精神于八方之表。”他们身上有一种自尊、高贵、洒脱的内在气质，他们是非常超脱的，作为个体自我的重新发现，确实是一种精神的自由与解放。他们书法中的风韵与他们的生活是一体的、同位的。简淡流美的书风是由晋代士人追求精神上自由的理想境界催生的，或者说是丧失社会关怀的贵族追求个人闲适与通脱，企望不滞于物的努力的显现。

郭象还讲过一句有名的话，“虽在庙堂之上，然其心无异于山林之中”，但是，作为社会精英阶层，如果仅仅具有“率性自由”的精神是有严重缺陷的。作为一个学者、一个文人可能是有价值的，但是作为一个社会管理者、作为一个官员，他是不称职的。隋唐时期，中国社会政治发生了巨大变化。魏晋时期的士大夫多少还有一点贵族的特点，因为他们那时候实行荐举制，基本上没有寒门子弟能够被推荐成为级别比较高的官员。但是唐宋以后，科举制成形，对士大夫阶层的形成产生了重要的推动作用。因为科举制不看身份，就像我们今天的高考，是非常平等的。科举制有一套非常严密的考试制度，来选拔读书人进入官僚队伍。唐代既有南北文化的交融，也有中外文化的碰撞，多元并蓄的时代总是生气勃勃的。国力的强盛振奋了这些通过科举进入仕途的士人的热情，唐人虽没有晋人的玄远优雅，却有积极用世的昂扬，像王羲之屡次辞谢征召的狂傲是很少在唐人中出现的。代之而起的是李白式的“天生我材必有用”的豪情，北方游牧民族的尚

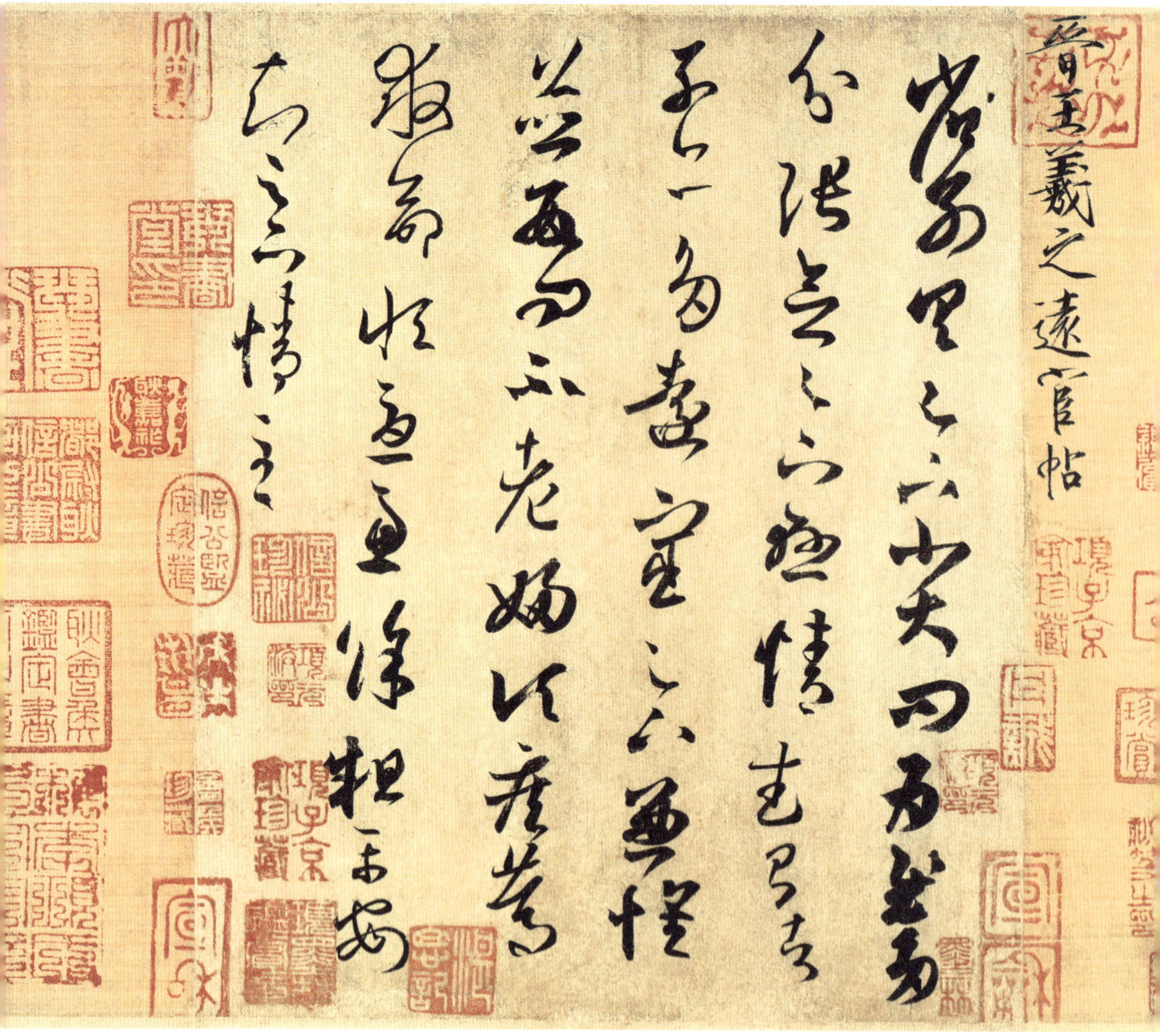

王羲之《远宦帖》

武习气传入唐朝，激发了游侠风气的流行。仗义疏财，言必信、行必果的张扬个性完全不同于贵族式的以自我为中心的张狂，加上政治及文化教育上的宗儒倾向，使儒侠相结合，彰显了“济苍生”“忧社稷”的强烈社会意识。士人的眼界拓宽了，情感深厚了，刚健雄浑的盛唐气象随之出现，强大的国家唤起了士人积极用世的抱负。

唐朝到玄宗时代，国力上升到顶峰，人们激情四射、神采飞扬，张怀瓘开始批评右军草书“有女郎才，无丈夫气，不足贵”。唐初四家欧、虞、褚、薛大体不脱右军风貌，到了李邕，书虽出于右军，体势却已显宽博与雄强。而到了中唐时，颜真卿等士大夫积极入世的理性精神完全代替晋人出世的率性精神，颜氏在楷书书风上完成了从优美到壮美的转变，把晋人浓缩于尺牍简札之中虚实曼妙、潇洒通脱的风度转化为将开阔与豪迈铭刻于山崖或庙堂的丰碑巨制！

重新想起苏轼所说的“书至于颜鲁公”，这个判断实在不同寻常，已远远超越了一般认知。康有为在《广艺舟双楫》中说：“后人推平原之书至矣，然平原得力处，世罕知之。吾尝爱《郙阁颂》体法茂密，汉末已渺，后世无知之者，惟平原章法结体独有遗意。又《裴将军诗》雄强至矣，其实乃以汉分入草，故多殊形异态。二千年来，善学右军者，惟清臣、景度耳，以其知师右军之所师故也。”康有为的“世罕知之”与“师右军之所师”同样大有深意！

中华文化的无上宝典《易经》早已言明，易者，变也。天道有恒，天道无常，鲁公变法，绝不仅仅是一个纯技术的问题，“法”的改变只是表面现象，骨子里却是时代风气、思想观念的转变！

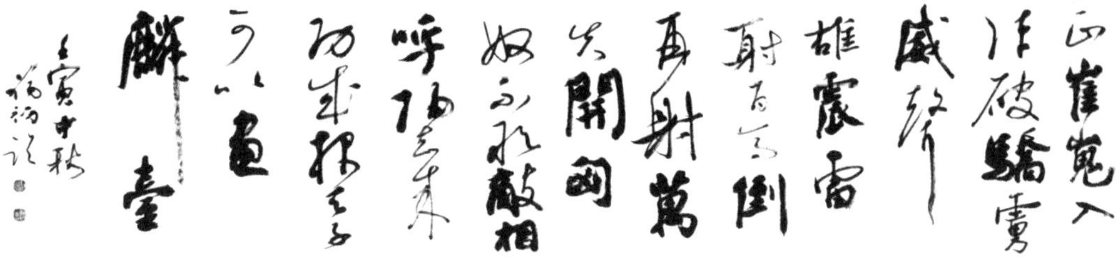

鄢福初临《裴将军诗》

学书当学颜

宋代大诗人陆游在他的诗中写道：“学书当学颜。”这句话也许仅仅是陆游在学习书法时的一点个人体会，却成为后世流传最广的一句学书箴言。

颜真卿的家族一门显儒，诗礼传家。作为儒家经典著作的《颜氏家训》就是出自颜真卿的祖上、一代名儒颜之推。颜真卿中年的时候遇上了安史之乱，在河北二十四郡俱已沦陷，大唐江山岌岌可危之际，平原太守颜真卿率先起兵，举起讨逆大旗。在安史之乱中，颜真卿一家有三十多个亲属殉国，其中以他的堂兄常山太守颜杲卿和堂侄颜季明的牺牲最为壮烈。颜真卿忠义节烈，舍生取义，他的书法也一如忠臣烈士，庙堂之气十足。书法本身是极具象征性的，看到颜体楷书，自然使人联想到中国历史上像颜真卿这一类忠臣良将。

在中国历史上，王羲之对后世的影响相对来说更多地限于书法本身，而颜真卿以其人格的正直、忠诚、壮烈，书风的大气、雄健、平实，影响巨大。自唐代起，颜鲁公的名声士庶咸知，颜体书法家喻户晓。时至今日，凡是有华人的地方，不管是中国还是马来西亚等东南亚国家，

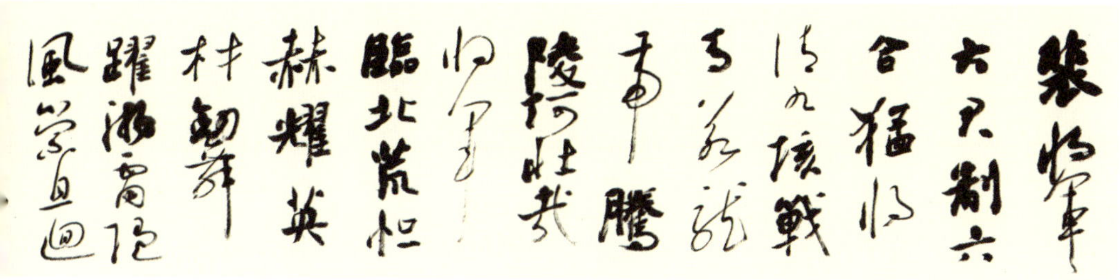

抑或是欧美的唐人街，只要看到汉字，满街的招牌广告或牌匾的字体，也大多是颜真卿方正厚实的正楷。

苏东坡有言曰：“诗至于杜子美，文至于韩退之，书至于颜鲁公，画至于吴道子，而古今之变，天下之能事毕矣。”

明清之际著名思想家、书法家傅山作诗告诫他的子孙：“作字先作人，人奇字自古。纲常叛周孔，笔墨不可补。……未习鲁公书，先观鲁公诂。平原气在中，毛颖足吞虏。”

顾炎武在《浯溪碑歌》中写道：“留此系人心，支撑正中夏”，“如见古忠臣，精灵感行色”，“以示后世人，高山与景行”，“藏之箧笥中，宝之过南金”。

项穆在《书法雅言》里说：“大要开卷之初，犹高人君子之远来，遥而望之，标格威仪，清秀端伟，飘摇若神仙，魁梧如尊贵矣。及其入门，近而察之，气体充和，容止雍穆，厚德若虚愚，威重如山岳矣。迨其在席，器宇恢乎有容，辞气溢然倾听，挫之不怒，惕之不惊，诱之不移，陵之不屈，道气德辉，蔼然服众，令人鄙吝自消矣。”这段话用于形容欣赏颜真卿书法的感觉十分贴切。

说到这里，不免又想起历史上那些对颜真卿的批评。

姜夔在《续书谱》中说："唐人以书判取士，而士大夫字书，类有科举习气。颜鲁公作《干禄字书》，是其证也。矧欧、虞、颜、柳，前后相望，故唐人下笔，应规入矩，无复魏晋飘逸之气。"又说颜真卿"字画刚劲高明，固不为书法之无助，而晋魏之风轨，则扫地矣"。姜夔认为魏晋飘逸之气的丧失大大损伤了书法的艺术性。项穆在《书法雅言》中说："考诸永淳以前，规模大都清雅，暨夫开元以后，气习渐务威严。颜清臣蚕头燕尾，闳伟雄深，然沉重不清畅矣。"他用文人书法一个非常重要的标准"清雅"否定了颜真卿。米芾也说："大抵颜、柳挑剔，为后世丑怪恶札之祖，从此古法荡无遗矣"，"颜鲁公行字可教，真便入俗品"。李煜也有类似的观点："真卿得右军之筋，而失于粗鲁。颜书有楷法，而无佳处，正如叉手并脚田舍汉。"对于所谓颜体"粗鲁"一说，我非常欣赏包世臣的见解："平原如耕牛，稳实而利民用！"

王羲之他们的确清高超逸，翩翩如神仙，他们有晋代高门士族的风度，他们尊贵的身份使他们从来不必为三餐而奔波，他们的书风体现了贵族的率性。颜真卿虽也出身高贵，但他却"粗鲁"，"如叉手并脚田舍汉"，他的书风是质朴的，是实在的，是有血有肉的，是可感可触的，是平民的自由！所以他得到了千百年来大多数平民百姓的喜爱。

日本的现代书法家们对颜真卿尤其情有独钟，同时他们也别具慧眼。樽木树邨说："《祭侄文稿》运笔和形状都很明快，称为具有率意的书法，厚重而且有安定感，不轻薄，蓄根一般的长长的构造，高贵的姿态，使我回想起第一次看了希腊的神殿建筑而感动的情景"，"逐行看去，文字的大小、强弱、粗细、轻重、动静等让人想不到八世纪所写，具有现代感，不得不使人感到与现代相通的新鲜感”。石桥鲤成说：“《裴将军诗》的破体书法中，令人惊奇地隐藏着前卫性，原来一种作品中交叉混有楷书、行书、草书三种书体，并使其协调，不能不说是难以做到的事情。即使是勇敢地向这些难事挑战，结果容易形成和书法的造型美相差甚远的丑恶的东西。总之，《裴将军诗》的书法不得不说是书法开创以来的奇迹。它里面有超越时空的大小的协调性。曾为汉字和假名的协调而费尽心思的我们看来，不得不感叹还存有着多大的距离。”在日益走向自由、平等、多元、包容的当代中国社会，颜真卿书风的平实、朴厚、雄浑实又蕴含着深不可测、超越时空的现代意识与前卫精神。

我们可以学习各种门派、各种风格的书法，但是，通过研究颜真卿所处的时代、他的一生、他的书法，足以提出并解答关于书法的所有问题！

颜真卿的平实、忠义、刚正始终是习书的根本，以此为根基深入探寻其书风的现代意识与前卫精神是颜真卿书法的永恒魅力！颜真卿其人其书将始终成为后人学习的典范！

颜真卿书法在湖南的影响

照相印刷技术的发明和飞速发展，使得稀世墨宝和古拓作品化身千万，飞入寻常百姓家，每一个书法爱好者都能坐今拥古，出碑入帖，这毕竟也才几十年的事。很难想象在此之前，在偏远的湖湘南方，在浯溪江边，有一块大书法家颜真卿所书《大唐中兴颂》摩崖，远隔千山万水的人都要朝圣一般而来。如此看来，湖湘又是多么幸运！

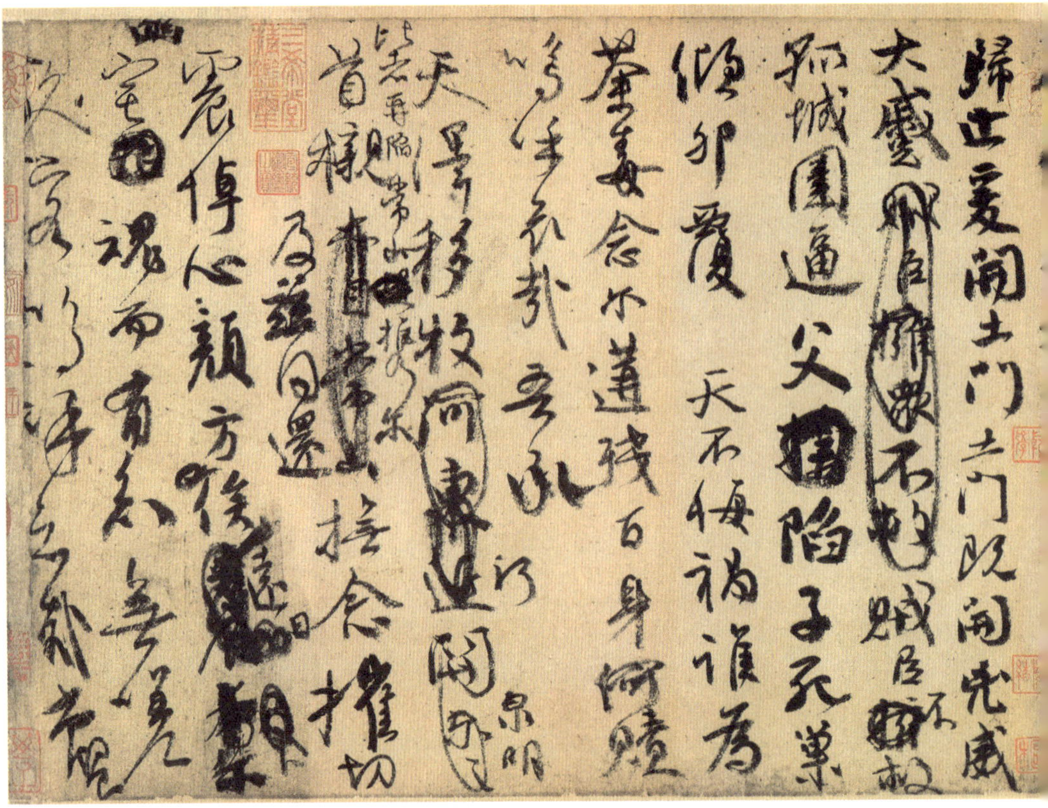

颜真卿《祭侄文稿》

明代湖南茶陵人李东阳楷书学习颜真卿，法度谨严，风格清润潇洒，开吴门书派之先河。他的行、草书融有篆隶遗意，而结体宽博疏朗，与古劲细瘦的用笔相映生辉，形成自己的风格。李东阳的书法已摆脱明初台阁体的束缚，对明中期书风起到了承先启后的作用，清代学颜大家伊秉绶行书曾学李东阳。

清代学颜的大家刘墉曾任湖南巡抚。另一学颜大家钱南园（即钱沣）曾任湖南学政，《清史稿》称钱南园“以直声震海内”，他一生

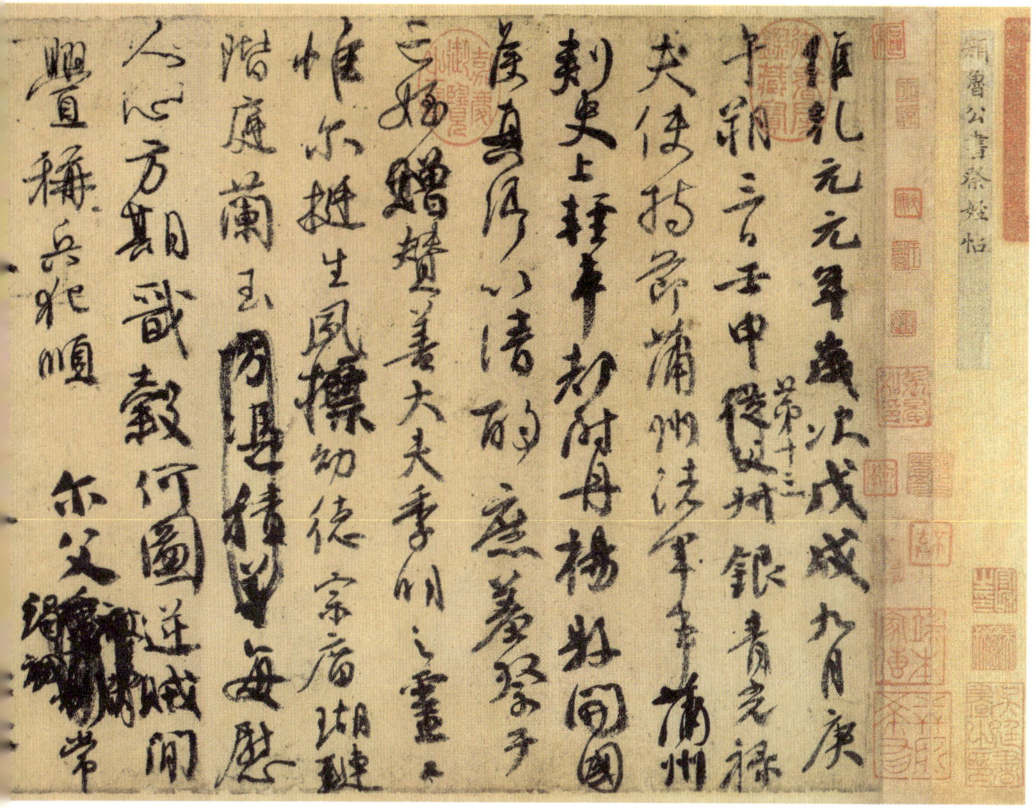

专攻颜体而成就卓越，原因或许就是那个“直”字。钱南园学颜字得其神趣，气象浑穆，虽横平竖直处略显板硬，不若颜鲁公之灵妙，但毕竟在同时代的楷书领域是罕有其匹的。钱南园对后来湖南人学颜体影响尤深。

湖南人学颜体成就最大者首推清代何绍基。在所有学颜而又卓有成就的书家中，何绍基应该是最特立独行、最有创新精神的一位。他的字在字形上颜的影子已不复见，最得颜的气势与创新精神。他于颜的“横平竖直”和“溯源篆分”这两点会心尤深，“横平竖直”尽显平易、质朴、大气，不虚张声势，不故作高明，使人想起孔子的不语怪力乱神，孟子的“富贵不能淫，贫贱不能移，威武不能屈”。范仲淹最先看出“颜筋”，苏轼也在颜体丰腴厚重的面貌里看出了“细筋入骨如秋鹰”，何绍基读《大唐中兴颂》同样觉得“外观笔势虽壮阔，中有细筋坚若丝”。范仲淹、苏东坡、何绍基都如此目光如炬，恐是源于他们的生命气质都和颜真卿一样，与天地玄黄、宇宙洪荒中那浩然正气相通相往来，因为那根“坚若丝”的“细筋”，从书法技巧看来自篆分，从文化、生命意义看正是淋漓的元气！是一个人活着乃至一个民族屹立万世、衰而复兴的根本！我觉得只有何绍基真正抓住了颜真卿书法两个核心的美学内涵，而且何绍基是凭着深厚无比的儒学修养、情怀、信念以及湖南人固有的坚韧、执着、热情，才将颜真卿书法的这两个特征加以深化乃至推向极致的。

晚清以来，曾国藩、左宗棠、胡林翼、王闿运、黄兴等湖湘重臣名流的书法或多或少都曾受到颜真卿书风的影响，颜真卿书风在湖南民间的影响更大。

湖南茶陵人谭延闿是民国时期的颜体大家。谭延闿的颜体楷书点如坠石，画如夏云，钩如屈金，戈如发弩，竖画多用悬针法，起笔沉着稳重、顿挫有力，使人感到貌丰骨劲、味厚神藏，一洗清初以来书坛姿媚之态，所不足者，少自家面目。其行书功力深厚，变化灵巧，笔笔中锋，力透纸背，有大气磅礴之势。他虽是前清进士，但其书法绝无馆阁体柔媚的气息。他是清代钱南园之后又一个写颜体的大家，被誉“民国至今，学颜者无出其右”。

谭延闿之弟谭泽闿师法翁同龢、何绍基、钱南园，上溯颜真卿，

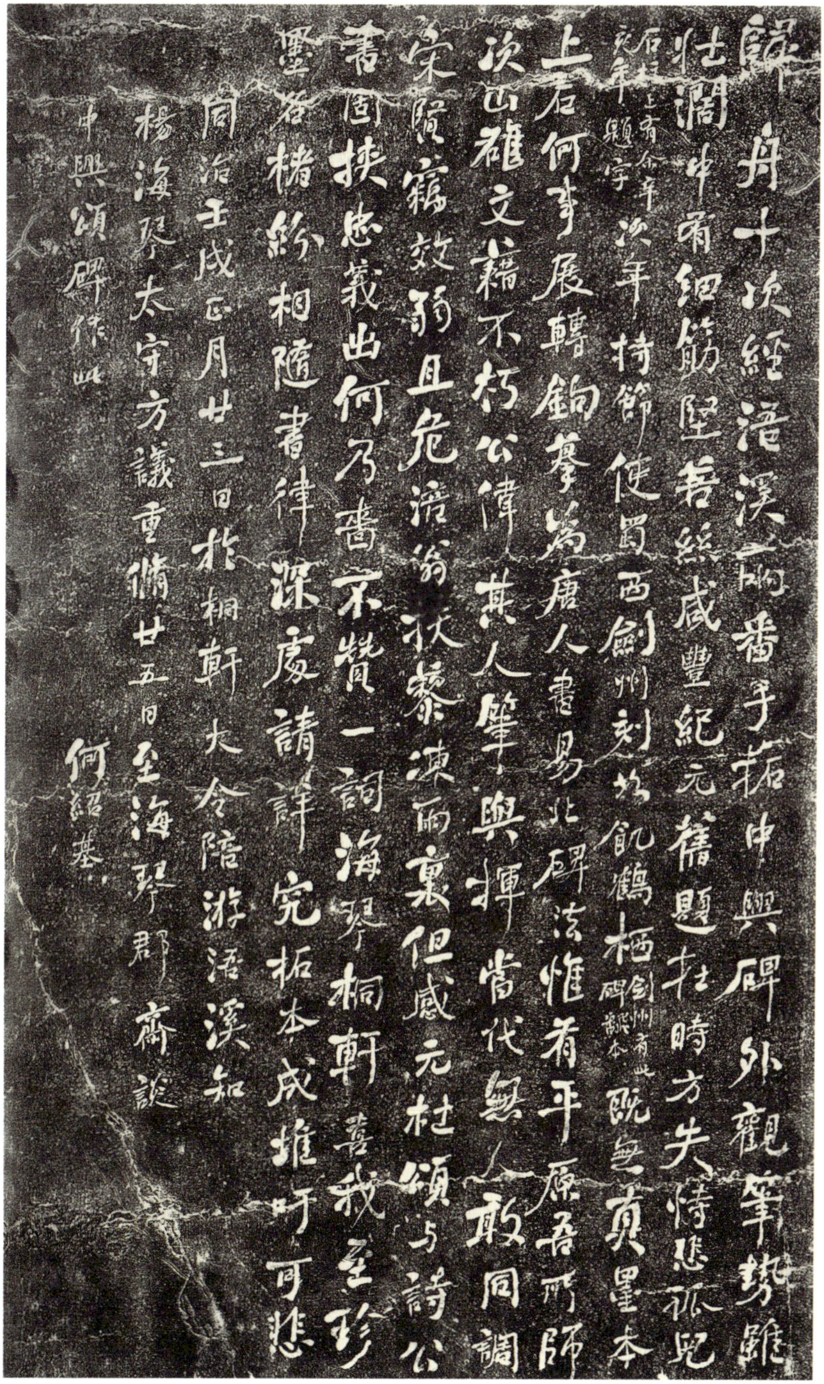

何绍基《谈〈中兴颂〉碑有作，用山谷韵》（拓片）

一手颜体榜书亦气格雄伟壮健，力度刚强，较谭延闿有更加伟劲开张处。

周昭怡是20世纪80年代中国书协各省分会中唯一一位女主席，师法颜真卿，兼学钱南园，书作以笔力雄健、气势开阔见称。她曾应邀为重修的杜工部墓碑、屈原祠、桃花源、南岳棂星门等书擘窠大字，影响广泛。1983年所书《岳麓书院记》笔力雄健，气势开张，真气弥漫，透着少见的真功夫。

需要特别加以说明的是，何绍基本身是自我作古、壁立千仞的书法大家，不宜单纯把他作为学颜的大家来观察与研究。与他前后的学颜书者相比较，他的坚韧固执，他的特立独行，对后世学颜有特别重要的意义。如果更苛刻、更挑剔地看，从钱南园到谭延闿，再到周昭怡，与何绍基相比，他们更多地停留在形似层面，多取法《麻姑仙坛记》，固然写出了刚劲之气，但不免有状若算子之嫌。何绍基作为传统文化巨子，从先秦诸子到宋明儒学无所不窥，又精通诗文书画、金石考订、经史训诂之学，是一位通才式的人物。同时他具有济世情怀，提倡实学，忧心国运，蹈厉敢为，并非守旧的士大夫。他学颜在“正”与“厚”这两个字上的高度与成就，更能让我们明白或体会到书法艺术所依傍的学养之“厚”与人格情怀之“正”，后世学何绍基的专取其长须鼠尾则又江河日下，不值一提了。

大体来说，颜真卿和欧阳询以及怀素对湖湘书风一直具有特别的影响力，当代湖南人学颜如何从外形深入其精神却是需要着重思考的。

山高日升

颜真卿完成了中国书法史上从优美到壮美的转变，颜体书法创造性地赋予中国书法前所未有的精神风貌，颜体书法的端庄威重、崇高

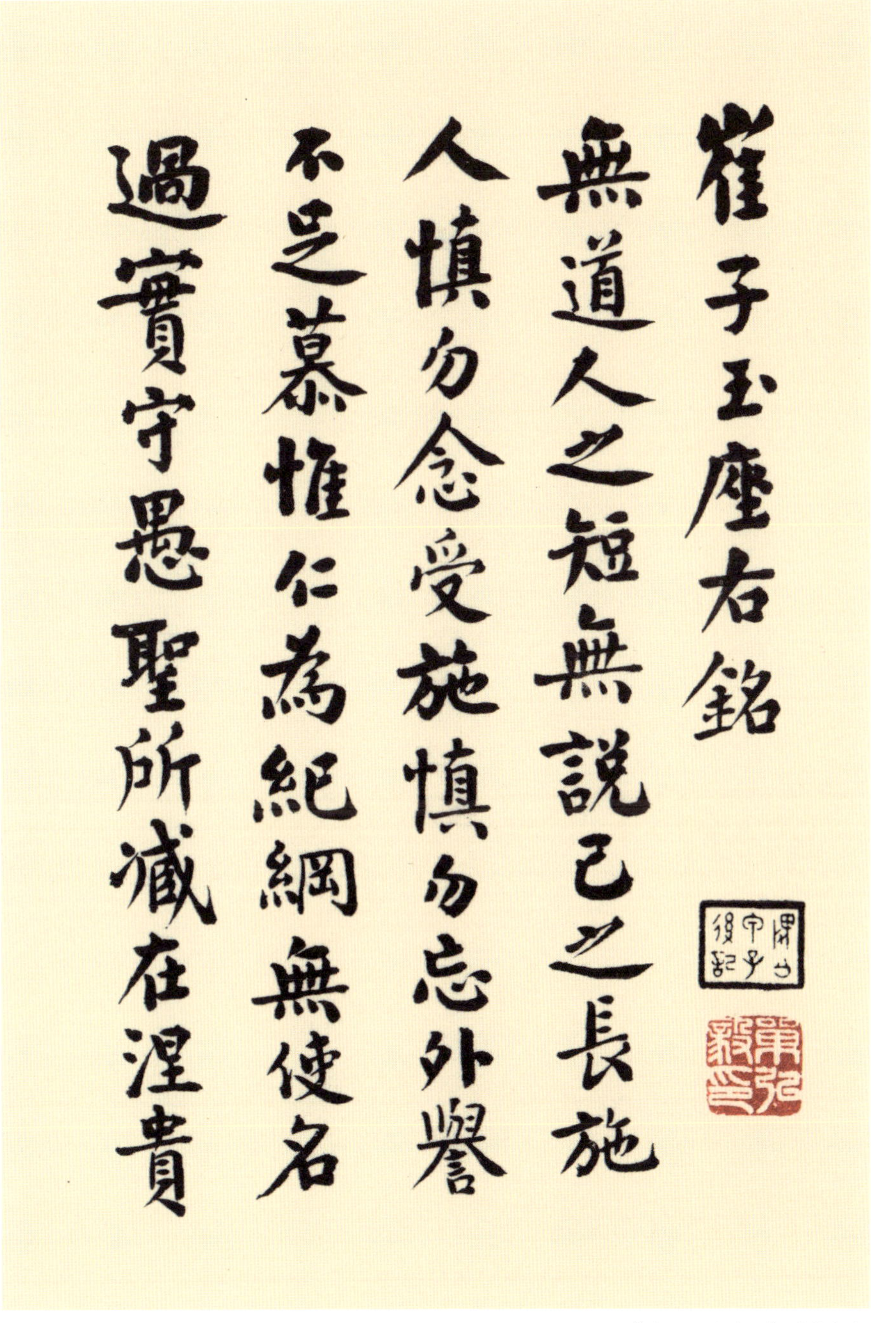
崔子玉座右銘
無道人之短無說己之長施
人慎勿念受施慎勿忘外譽
不足慕惟仁為紀綱無使名
過實守愚聖所臧在涅貴

谭延闿《崔子玉座右铭》（局部）

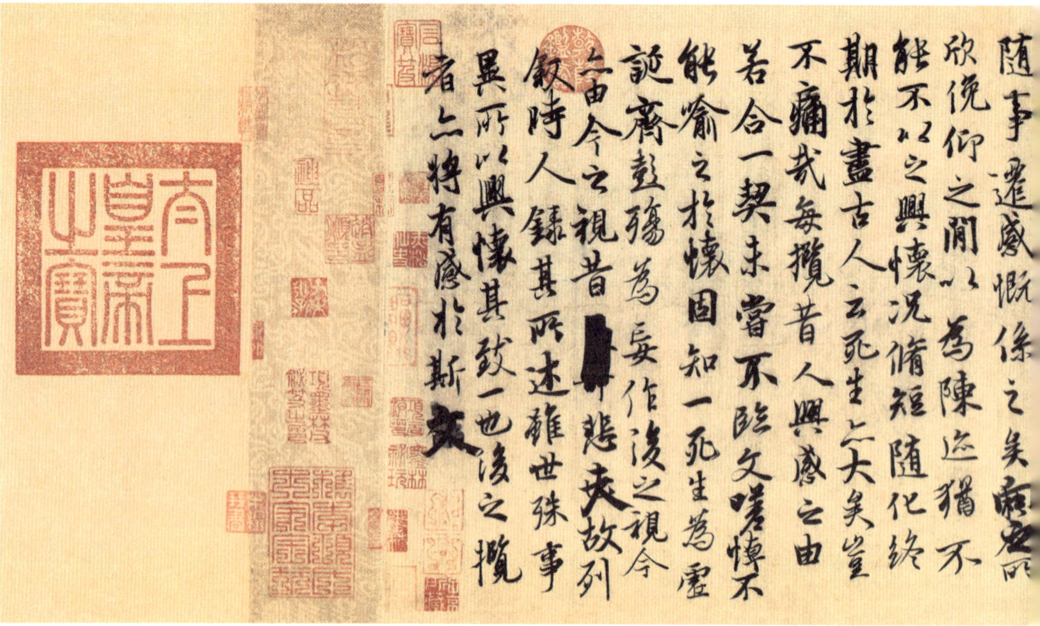

王羲之《兰亭序》

神圣令人不得不肃然起敬。一千多年来，我们学写颜字，也间接认同了颜体字传达的大气、宽阔、厚重与包容，塑造出我们个人乃至民族整体的个性与精神。苏东坡曾说，浩然之气“不依形而立，不恃力而行，不待生而存，不随死而亡者矣”。颜真卿那温良谦恭、磊落坦荡、刚正不阿、忧国忧民的风范和人格，早已以书法艺术的形象外化为浩然的永恒正气。颜真卿是中国书法史上唯一能和大书家王羲之相抗衡、相辉映的书坛巨擘。颜真卿的字更有一种平民化倾向，他不故弄玄虚，一笔一画都很朴实地表达出来，正大光明，充满真挚的情感。清代的包世臣说颜书“稳实而利民用”，千百年来一直为平民百姓所喜闻乐见。从这一点说，他的影响力也许还要超越王羲之，他的书魂形成巨大的

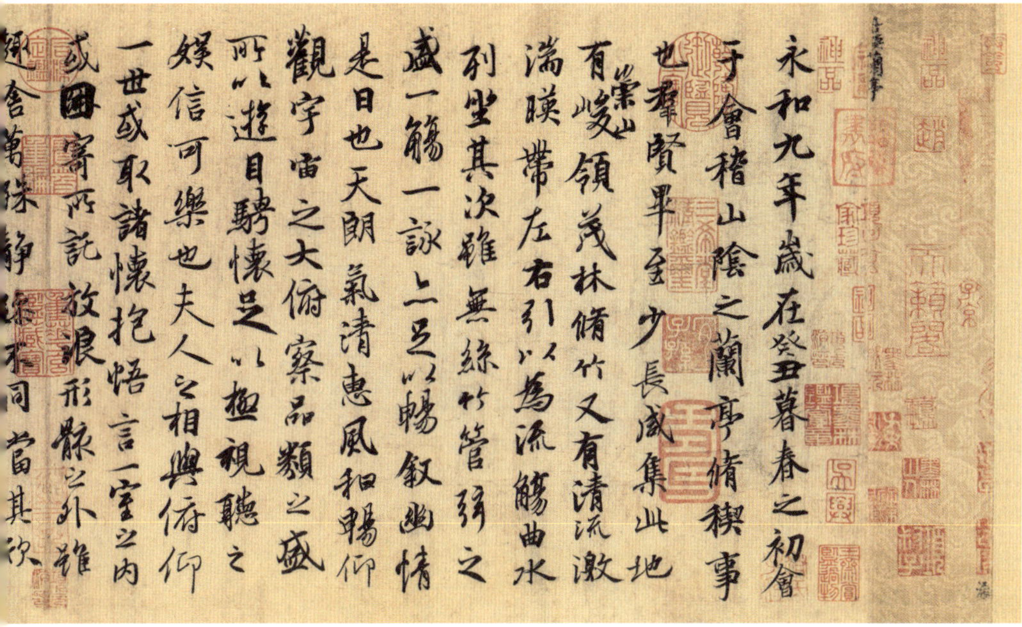

向心力，也早已沉淀、升华为我们民族灵魂、民族精神的一部分！

浙江绍兴兰亭因王羲之书《兰亭序》而闻名天下，至今每年农历三月初三，不断有文人墨客仿效古人曲水流觞雅事。湖南祁阳浯溪，元结、颜真卿合作的《大唐中兴颂》尽管“石崖天齐”，却略显寂寞，这或许是因为它太过厚重，又或许是太过雄浑！兰亭雅集，曲水流觞，尽管王羲之的风骨早已在三月的酥风里日渐远去，喜欢雅集的人们仍然可以装得有模有样；唯有伫立在颜鲁公浩然而气塞天地的《大唐中兴颂》摩崖前，我们恐怕再也难以搔首弄姿。解缙说：“不如元结中兴颂，照见千秋事去来。”《大唐中兴颂》是一面镜子，照见千秋历史云烟变幻，也照见我们的卑微、懦弱、浅薄、荒诞……

云山苍苍，江水泱泱，在这个民族复兴山高日升的伟大时代，我总是觉得浯溪的《大唐中兴颂》实在是太过寂寞。我们需要不断地温故知新，我们需要努力地滋养一种精神，我们要何时才能在《大唐中兴颂》摩崖前找到一种合适的致敬方式呢？

永州行吟

九嶷山下的“十里画廊”

有人说，游西安古都，每走一步都是一部书。这是因为，古城长安是历代皇朝的建都之所，千百年来，王侯将相、文人雅士、市井平民留下了不少古老的传奇故事。宫廷城堡、古刹陵园、亭台楼阁、一山一水、一草一木，处处印有历史的痕迹，见证着历史的沧桑。

较之西安，永州地处偏远，自古为官宦流放之地。这里舜帝皇陵雄踞于九嶷山下，道教圣地掩映于阳明山中，五岭逶迤由此而南，湘水、潇水于此合流，山川秀美，人杰地灵。多少文人骚客，带着文化的光辉，铭刻历史，传播文明。追溯永州历史，正像翻开一部经久的文化大典。

唐贞元二十一年（805），八司马因参与王叔文集团而被彻底清算，柳宗元被贬为永州司马。于是，永州与这位唐代古文运动领袖的名字

联系在了一起。“衡湘以南为进士者，皆以子厚为师。”（《柳子厚墓志铭》）可见当时柳宗元在湖湘文坛的地位和影响。

柳宗元与韩愈一起高扬文风改革的大旗，摈弃骈文的陈言俗套，赋予散文创作随意而自由的空间，其代表作之一《永州八记》即创作于永州，作为久居长安的山西人，见惯了北国千里冰封、万里雪飘、黄土高坡、沙漠戈壁的风光，来到南方，满眼是百草丰茂、树木丛生、绿荫翳翳、鸟语花香，一派生机盎然的景象。大自然的勃勃生机唤醒了柳宗元那颗冷彻而干涸的心，使他重新找回了对生活前景的渴望。

“其石之突怒偃蹇，负土而出，争为奇状者，殆不可数。其嵚然相累而下者，若牛马之饮于溪；其冲然角列而上者，若熊罴之登于山。”

（《钴鉧潭西小丘记》）一堆普通的石头，在柳子厚的眼里是如此优美而奇特，且这般富有生命和血肉。

人们不禁要问，一个被朝廷流放边陲的官员，本应怀着满腹牢骚和千般无奈，聊以虚度时日，为什么柳子厚却将这里的山水风物描绘得这么幽静和美好？除了逃避现实、寄情山水可作肤浅的注脚外，“居庙堂之高则忧其民，处江湖之远则忧其君”，古代知识分子忠君报国的思想和对未来充满希望的进取心态从创作动机里折射出来。这正是文人情操使然，人格魅力所在。后人为纪念这位散文大师兼地方父母官，建了一座柳子庙，至今还供奉着柳公神灵，陈列着河东文翰，人们在对柳公文辞佳构啧啧称颂的同时，不能不为文人宽博的襟怀和百折不挠的人生态度所倾服。

柳子庙

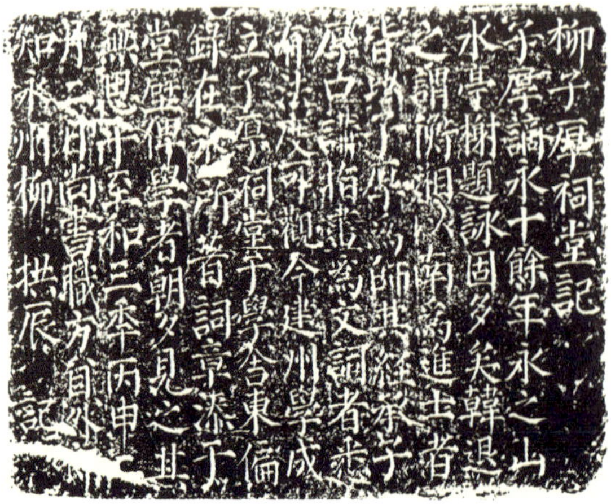

柳子厚祠堂記
子厚謫永十餘年，永之山
水亭樹題詠固多矣，韓退
之謂衡湘以南為進士者
皆以子厚為師，其經承子
厚口講指畫為文詞者悉
有法度可觀。今建州學成，
立子厚祠堂于學舍東偏，
録在永所著詞章漆于
堂壁，俾學者朝夕見之，其
興起乎。至和三年丙申
月二日尚書職方員外
郎知永州柳拱辰記

柳拱辰《柳子厚祠堂记》（拓片）

诗人元结，少时“与丐者为友”，同情贫苦，痛心战乱，憎恨苛敛，留恋乡情。“尝欲济时难”，怀着对劳苦大众的深切同情，呼唤正义与平等。他主政道州时，以宏阔气概撰写《大唐中兴颂》，邀鲁郡开国公、大书法家颜真卿亲赴祁阳书丹于浯溪崖壁之上，这成为中国文化史上的一个重要事件。尔后，刘长卿、黄庭坚、米芾、秦观、李清照、范成大、杨万里、张孝祥、张栻、杨维祯、董其昌、王夫之、阮元、何绍基、吴大澂，一连串闪烁着中华文化光辉的历史名人，或游历于此，或题赠于斯，五百余块石碑，琳琅满目，书风各异，各领风骚。历经风霜雨雪的洗礼，浯溪这片江南最大的露天碑林，记录着永州人民的文化精神已成历史。

而书法艺术历来就与永州有缘。

一代草圣怀素的狂草，早已是中国书法草书领域一座不可逾越的高峰，当然也是永州的一座文化丰碑。

绿天庵静静地坐落于永州城内，庵内陈设的怀素《小草千字文》碑刻精美绝伦，这道文化景观在永州应当具有标志性意义。

狂草是一种激情的倾泻，是一种性情的坦露。这位永州前贤，兴之所至，无论蕉叶、墙壁、家什，提笔即挥，一挥而就，势不可挡。相传怀素曾“粉壁长廊数十间”，大诗人李白见此情形，即兴行吟，作《草书歌行》以纪盛：“少年上人号怀素，草书天下称独步。墨池飞出北溟鱼，笔锋杀尽中山兔。……飘风骤雨惊飒飒，落花飞雪何茫茫。……恍恍如闻神鬼惊，时时只见龙蛇走。左盘右蹙如惊电，状同楚汉相攻战。……”

两位激情奔涌的艺术大师进行的如此豪气干云的对话，至今都如黄钟大吕般穿越时空，洋溢着中华文化的神秘魅力！

大历七年（772）秋，怀素在洛阳拜见颜真卿，示其《怀素上人草书歌集》，请颜鲁公作序，颜真卿慨然应允：“开士怀素，僧中之英，气概通疏，性灵豁畅。精心草圣，积有岁时，江岭之间，其名大著。……”

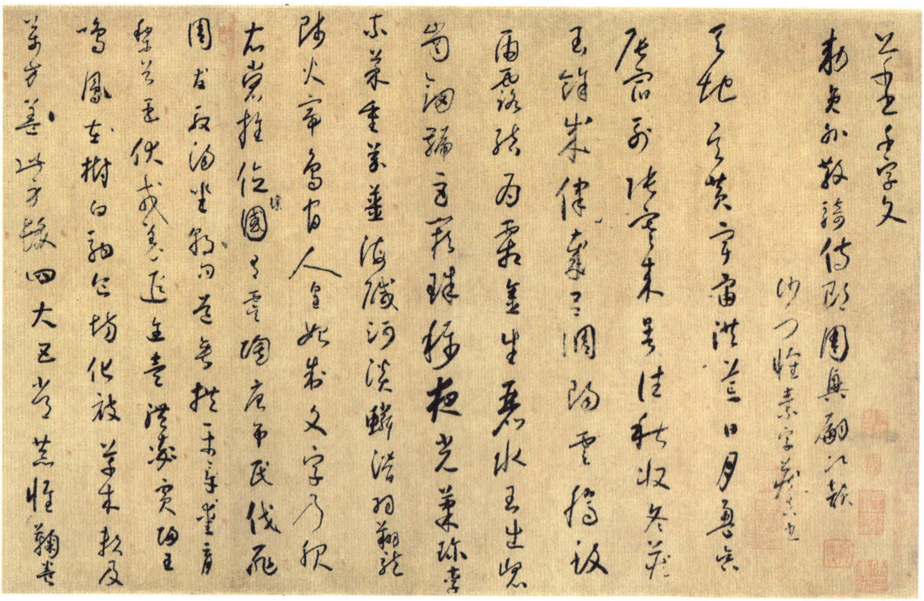

怀素《小草千字文》(局部)

对于怀素草书的评价，他与李白一样，都已超越了书法艺术本身的范畴，提升到人的品格的高度。

还有永州人所熟知的东洲草堂。这是何绍基的读书之所。现存的“状元楼”和“探花第”与草堂旧址是一组古建筑群，在这里，依稀可见这个家庭昔日的荣光。何绍基父亲何凌汉，弟弟绍业、绍祺、绍京，其子庆涵，其孙维朴、维棣，代代克绍家风，取法唐楷，直追魏晋，潜心碑刻，各具风貌，成为中国南方显赫的书法世家之一。何绍基深受大学士阮元影响，与康有为、梁启超一路，主张尊碑抑帖，探求书法艺术的创新之路。他创造了一种奇特的执笔方法，叫回腕执笔法，为使用笔达到遒厚生涩的效果，在用笔手法上作了大量尝试性的探索，起初出于好奇，也可说是走火入魔，在执笔方式上违反了人体机能，所以写起字来往往汗流浃背、艰难吃力，可是何绍基凭借其坚韧的毅力获得了成功。难怪曾国藩在家书里多次提到何子贞可以传世，并训诫子女学书要有子贞般的毅力和恒心。何绍基的书法贡献在于信守南北兼容之事，同时又是成功的创作实践者。

东洲草堂俯瞰图

探花第现状

来到道州（指今道县），当然要寻访濂溪故里。

如果说古代湘学的创始者是周敦颐先生，同样可以这样表述，湖湘本土文化的开山祖师也是他老人家。

“吾道南来，原是濂溪一脉；大江东去，无非湘水余波。”这是齐白石的老师王闿运先生为岳麓书院撰写的对联，至今还悬挂在这座千年庭院里，与“惟楚有材，于斯为盛”交相辉映，享誉天下。

自周公敦颐开始，一代代湖湘学子为探求宇宙自然规律，研究人性本质，以孔孟学说、老子哲学为原典，进行了大量的训诂考据，逐

永州濂溪书院

周敦颐石刻画像（道州原刻拓本）

渐形成了经世致用的湖湘理学。周敦颐较为系统地指示了运动与物质存在、发展和变化的关系，指出事物自身存在的动力和活力，从而为人们观察和处理问题提供了重要的方法论。

“莲之出淤泥而不染，濯清涟而不妖”，这是周敦颐《爱莲说》里的名句，古往今来，为洁身自好君子之座右铭。他正是以这种正己之心，探求天地之变，探索人性之本，以祈福泽众生，实现天下百姓的幸福安康。这应该就是湖湘学子争相仿效和追随的情操和

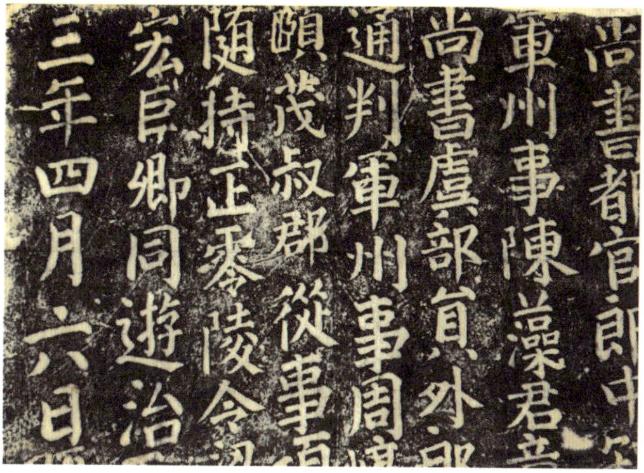

周敦颐淡岩题记（拓片局部）

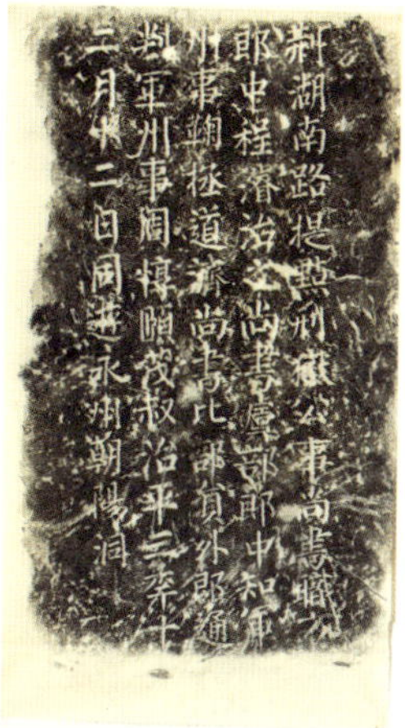
周敦颐朝阳岩题刻（拓片）

品格。学术思想的突破，文化的创新，远比物质贡献意义重大而影响久远。一代学人深邃的思想和规范的行为深深地影响着一个地方的学术风气、社会价值和人性心理。

今日，永州人依然保留着先贤遗风，崇礼尚义，民风淳朴；尊儒仰道，重实重情；求新求变，不折不挠。人以文传，地以人传。永州与文化结缘，文化也因永州而生色。

回眸永州的历史，你能感受到这种文化气息的高古和清逸吗？

图版

元结的大唐中兴颂、共十五韵、三句一韵、古老的三句一韵是很少见的了、著名的刻石、峄山刻石、也是三句一韵、碑文追念乱世、分土建邦、以开争理、功战日作、流血于野、自泰古始、世无万数、陀及五帝、莫能禁止、廼今皇帝、壹家天下、兵不

写作手稿一　鄭福初

復把繁寰滅陳、點篇處空、杜澤長久、流傳的句子擲地有聲、其為詞中興頌、不取偶然、不拘平仄、亦無辭藻語言樸素、周絕、亦蹈襲前人之語僅用三百字、便把唐中葉安史之亂、玄宗逃蜀、肅宗即位、收復長安以來寶記述得清清楚楚。

写作手稿 二 郗福初

释文：元结的《大唐中兴颂》共十五韵，三句一韵。古老的三句一韵是很少见的了，著名刻石《峄山刻石》也是三句一韵，碑文『追念乱世，分土建邦，以开争理。功战日作，流血于野，自泰古始。世无万数，陀及五帝，莫能禁止。乃今皇帝，壹家天下，兵不复起。灾害灭除，黔首康定，利泽长久』，这些句子掷地有声。《大唐中兴颂》不取偶句，不拘平仄，不务辞藻，语言朴素自然，不蹈袭前人一句一语，仅用三百多字，便把唐中叶安史之乱、玄宗逃蜀、肃宗即位、收复长安的史实记述得清清楚楚。

那个颜真卿在书出《大唐中兴颂》碑拓时说、如天大杰匠、精灵盛行气、在中国书法史上、再没有第二块碑能象《大唐中兴颂》一样、其文辞与书法能如此源源不断的引发国人之千年热烈的讨论、其精魂竟如此的感染着每一个时代生出的神气、每一个面对《大唐中兴颂》碑的人人无不激发出之豪情、怀念一个曾经辉煌的时代、又以无比期待下一个中兴盛世的历练、盛唐的如诗风样、令人无限追怀、欧阳修说、古之盛事莫盛于唐、中国之传统的发展、时而气象沉雄、时而恬淡潇洒、中国书法的发展无不是以盛唐的如诗中来寻找慰藉、以求以盛唐为楷模。大唐书法的发展、或许源于一个既有鲜卑血统、又有大汉血统、既有魏碑骨之原、又有兰亭集之逸思的——大唐皇帝李世民、他乃真

了中華民族宏氣輝煌的時代，高能出自其中闳的使氣激動人心的時代，北方魏碑的筋骨與南方手札的韵麗，在一個空前大融合時代的雄壯氣象中煥發出空前絕後的姿態，使體的精髓與形美結合的楷書一剛揚一篤英一飄逸一厚重，中國書法乃至中國人性情的傾向極致於此完備。蘇東坡曾說：書至於顏魯公止。顏公書法成就几乎是後世難以逾越

写作手稿五　鄢福初

的高峰、唐人的法度意识、因美而生的集体精神，也随之人人对书的信念，是后世理想书法追求的永恒灯塔。

楷书自然也成为时代的第一书体，它为本朝书法注入了宗教的法度意识。

伟大的时代，首先需要法度，王朝的崇高庄重与须要以楷书来体现，如欧阳询、虞世南、褚遂良、颜真卿、柳公权等都建立起宫廷书法的关系。

代！北方魏碑的筋骨和南方手札的舒丽，在一个空前大融合时代的雄壮气氛中焕发出空前绝后的姿态（光彩）。张旭的狂草与颜真卿的楷书，一飞扬一笃实，一飘逸一厚重，中国书法乃至中国人性情的双向极致于此完备。苏东坡曾说『书至颜鲁公止』，唐人书法成就几乎是后世难以逾越的高峰，唐人的法度意识，向美而生的进取精神，书既（即）人、人既（即）书的信念，是后世理想书法追求的永恒灯塔。

楷书自然是唐代的第一书体，它为中国书法注入了最深的法度意识。

伟大的时代，首先需要法度。王朝的最高统治者与顶尖的楷书大师如欧阳询、虞世南、褚遂良、颜真卿、柳公权等都建立过密切的关系。

释文：明人顾炎武在看到《大唐中兴颂》碑拓时说：『如见古忠臣，精灵感行色。』在中国书法史上，再没有第二块碑能象（像）《大唐中兴颂》一样，其文辞与书法能如此源源不断的（地）引发国人上千年热烈的讨论，其精魂是如此的（地）感染着每一个时代出行者的神色！每一个面对《大唐中兴颂》丰碑的人，无不发思古之幽情，怀念一个曾经伟大的时代，又无比期待下一个中兴盛世的延续。盛唐的书法同样令人无限追怀，欧阳修说：『书之盛莫盛于唐。』中国书法的长河，时而衰落沉寂，时而壮阔激昂。中国书法的复兴，还得从盛唐的书法中去寻找答案，亦必将以盛唐为榜样。

大唐书法的复兴，或许源于一个既有鲜卑血缘又有大汉血缘、既有魏碑背景又有兰亭迷思的（男人）——大唐皇帝李世民。他开了中华民族最辉煌的时代，当然也是中国书法最激动人心的时

每次到岳麓书院,在讲堂南北两
壁来来去去,廊廊踏踏,聪敏然八
阁也构朱熹的大字碑前徘徊,目
况很震撼着那些遒劲力矫动以笔
书法十五,有一股扑人的静气,让
人沉踏实,静穆、谦逊、真能坚定

写作手稿七 鄢福初

书院大门走出的书生们、鹤字静

露人一路、鹤以书香、雁落、鹊鸣

严家正义、浑然大气、石砖石阶、显

然、走进庭院、院里隐藏湖和水阁

家大的精神物象、或者说保留着

湖依水阁、家族根本的精神生图。

门

陇河西望静待风来

写作手稿八　郑福初

释文：每次到岳麓书院，在讲堂南北两壁『忠、孝、廉、节、整、齐、严、肃』八个近两米高的大字碑前徘徊，目光便会随着那些膂力矫劲的笔画游走，有一股袭人的静气，让人沉默，让人静穆，让人凛然！从这座书院大门走出去的书生们，写字都惊人一致，写得忠孝廉节、整齐严肃、正义凛然、大气磅礴！显然，在这座庭院里，隐藏（着）湖湘书风最大的精神秘密，或者说保有着湖湘书风最根本的精神基因。